数字化生活
新趋势

副业经营

打造私域流量，实现多元化收入

王 东 刘 畅 周志成
/
著

电子工业出版社
Publishing House of Electronics Industry
北京·BEIJING

未经许可，不得以任何方式复制或抄袭本书之部分或全部内容。
版权所有，侵权必究。

图书在版编目（CIP）数据

副业经营：打造私域流量，实现多元化收入 / 王东，刘畅，周志成著. —北京：电子工业出版社，2021.7
（数字化生活·新趋势）
ISBN 978-7-121-41373-5

Ⅰ. ①副… Ⅱ. ①王… ②刘… ③周… Ⅲ. ①网络营销 Ⅳ. ①F713.365.2

中国版本图书馆 CIP 数据核字（2021）第 114450 号

责任编辑：周　林　　　　　　特约编辑：田学清
印　　刷：天津千鹤文化传播有限公司
装　　订：天津千鹤文化传播有限公司
出版发行：电子工业出版社
　　　　　北京市海淀区万寿路 173 信箱　邮编：100036
开　　本：720×1000　1/16　印张：15　字数：205 千字
版　　次：2021 年 7 月第 1 版
印　　次：2021 年 7 月第 1 次印刷
定　　价：65.00 元

凡所购买电子工业出版社图书有缺损问题，请向购买书店调换。若书店售缺，请与本社发行部联系，联系及邮购电话：(010) 88254888，88258888。
质量投诉请发邮件至 zlts@phei.com.cn，盗版侵权举报请发邮件至 dbqq@phei.com.cn。
本书咨询联系方式：25305573（QQ）。

前　言

　　2020年年初，一场突如其来的疫情席卷了全国，我们进入了全民抗疫的紧张时期，受疫情的影响，很多公司为了自保不得不采取裁员策略，这使得一批人被迫失业。"铁饭碗"随时有可能变成"瓷饭碗"。因此，发展副业，让自己的未来有一个强大的保障，已经是一件刻不容缓的事情了。

　　克里斯·富林是美国一家熟食店的老板，由于房产税的增加和原料价格的上涨，他一边努力维持着熟食店，一边利用空闲时间兼职制作蛋糕。他知道自己必须做好万全的准备，否则一旦熟食店关门，自己和家人的生活将陷入困境。

　　与克里斯·富林一样，现在很多人也开始做副业，这不仅是为了他们自己，也是为了他们的家人。但是，仅仅有做副业的想法和意愿，他们就真的知道应该选择什么样的副业吗？他们知道怎样把副业做好吗？在事业遭遇瓶颈期时，他们知道应该怎么办吗？为了解决这些问题，本书应运而生。

　　本书分为以下三个部分。第一部分是第1～3章。其中，第1章介绍了做副业的原因，以及副业是如何在时代的推动下获得发展的；第2章介绍了副业的定位，包括与副业息息相关的几种思维方式、精准定位副业项目的方法、如何确定经营副业的时机等；第3章介绍了如何将兴趣爱好转化为做副业的动力，同时对副业进行了可行性分析并给出了变现方面的技巧。

　　第二部分是第4～8章。这部分内容采用平行式的逻辑，罗列了几种常见的、适合"小白"的副业，包括自媒体运营、直播、外包、写作及线上培训、社交电商。通过这部分内容，大家可以充分了解这些副业，也可以学习经营这些副业的技巧和方法，从而使自己尽快获得成功，赚取属于自己的"第一桶金"。

　　第三部分是第9章和第10章。其中，第9章是实战内容，包括如何绘制副业路线图及如何设计完善的发展规划，同时还介绍了副业的不同阶

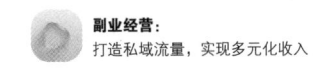

段，以及如何对副业进行复盘等知识；第 10 章主要传授规避副业风险的技巧，并从"两栖青年"与"斜杠青年"入手，讲述应该如何使主业和副业达到一种平衡的状态。

基于笔者丰富的知识积累和多年的实践经验，本书提供了具有深度和广度的副业经营知识与方案。我们希望读者能从本书中获得有价值的启示和灵感，在未来可以对自己的副业进行优化和调整，并理解私域流量及多元化收入的真谛。

对于副业经营者、自由职业者、普通上班族、有业余时间的人及对副业感兴趣的人来说，这是一本不可多得的实战秘籍，可以提升其个人实力，指引其走向更广阔的未来。

目 录

第 1 章 副业当道：做副业已成趋势 ……………………………… 001

  1.1 个人因素：为何要做副业 ……………………………… 003

    1.1.1 兴趣推动：把兴趣变成副业 ……………………………… 003

    1.1.2 激励因素：获得成就感和满足感 ……………………………… 006

    1.1.3 职业保险：为主业加一道保险 ……………………………… 007

    1.1.4 成长需求：弗兰克通过业余写作实现个人价值 ……………… 009

  1.2 时代助力：时代发展为副业提供沃土 ……………………………… 012

    1.2.1 用户需求更加多样化 ……………………………… 012

    1.2.2 副业选择多样化 ……………………………… 014

    1.2.3 "主业+副业"已成趋势 ……………………………… 016

    1.2.4 适合"小白"的 5 种模式，依靠副业变现 ……………… 018

第 2 章 转变思维：精准定位，顺应时势 ……………………………… 021

  2.1 思维改变结果 ……………………………… 023

    2.1.1 副业经营的 3 种复利思维 ……………………………… 023

    2.1.2 投资型思维 or 消费型思维 ……………………………… 026

  2.2 副业项目思考：精准定位副业项目 ……………………………… 029

    2.2.1 分析自身优势与环境优势 ……………………………… 029

    2.2.2 用清单列出优势排序 ……………………………… 031

　　　　2.2.3　分析最好的优势标签 ················· 033
　　2.3　时机：找准时机，扬帆起航 ················· 034
　　　　2.3.1　三花聚顶法：你的职场状况是否健康 ················· 034
　　　　2.3.2　抓住时机：何时是发展副业的好时机 ················· 037
　　　　2.3.3　收入瓶颈：陷入收入瓶颈的梁思做起了课程分销 ······· 038

第3章　兴趣爱好：做副业的动力 ················· 041
　　3.1　以兴趣确定自己的副业 ················· 043
　　　　3.1.1　兴趣与赚钱并不冲突 ················· 043
　　　　3.1.2　如何找到与兴趣相关的副业 ················· 045
　　　　3.1.3　从榜样身上挖掘副业项目 ················· 048
　　　　3.1.4　霍兰德职业兴趣测评 ················· 050
　　　　3.1.5　如何通过兴趣赚取副业的"第一桶金" ················· 052
　　3.2　分析副业的可行性 ················· 056
　　　　3.2.1　分析副业的难度 ················· 056
　　　　3.2.2　分析自己的胜任度 ················· 058
　　3.3　兴趣变现：把兴趣变成副业 ················· 061
　　　　3.3.1　如何变现：真正看到结果 ················· 061
　　　　3.3.2　踩准点：40 岁医生做主播 ················· 063

第4章　自媒体运营：开启自媒体副业赚钱之旅 ················· 065
　　4.1　做好自媒体副业的两大要素 ················· 067
　　　　4.1.1　保证内容质量 ················· 067
　　　　4.1.2　坚持持续输出 ················· 070
　　4.2　短视频运营 ················· 072

  4.2.1　定位：清晰垂直···072

  4.2.2　特色内容：展现自己的优势·······································075

  4.2.3　创作优化：原创+热点··077

  4.2.4　拍摄：视频质量把控··078

  4.2.5　剪辑：突出重点··082

  4.2.6　发布：选择合适的时间··083

  4.2.7　吸粉：多渠道引流··084

  4.2.8　粉丝留存：打造专业性 IP··087

  4.2.9　借势运营："他山之石，可以攻玉"································088

  4.2.10　如何变现："papi 酱"首支广告拍出 2200 万元··················090

4.3　微信公众号运营··093

  4.3.1　标题：创作 4 要点··093

  4.3.2　版式：封面、字体与字号··096

  4.3.3　内容：专业性与趣味性··098

第 5 章　直播副业：粉丝经济变现迅速·······································101

5.1　三大直播模式··103

  5.1.1　传统业务直播··103

  5.1.2　泛娱乐直播··105

  5.1.3　垂直领域直播··107

5.2　内容创作：好策划产生好内容··109

  5.2.1　如何做好直播定位··109

  5.2.2　选题规划：抓住热点+介绍干货····································111

  5.2.3　直播方案：制定流程+提前彩排····································113

5.2.4 淘宝直播技能分享：如何正确介绍产品 ……………… 115

5.3 内容推广，做好引流 ……………………………………………… 118

　　5.3.1 微信公众号、微博等平台引流 ………………………… 118

　　5.3.2 软文引流：取一个好标题 ………………………………… 120

　　5.3.3 线下引流：参加线下活动 ………………………………… 122

第6章 外包副业：利用专业技能接项目外包 …………………… 124

6.1 做外包副业的优势 ………………………………………………… 126

　　6.1.1 效益优势 …………………………………………………… 126

　　6.1.2 客源优势 …………………………………………………… 127

　　6.1.3 渠道优势 …………………………………………………… 129

6.2 如何做好外包副业 ………………………………………………… 132

　　6.2.1 长期积累客源：老客户+新客户 ………………………… 132

　　6.2.2 整包溢价：建团队接大单 ………………………………… 134

　　6.2.3 红利期溢价：把握新风口 ………………………………… 135

　　6.2.4 细分领域：细分更专业 …………………………………… 136

第7章 写作及线上培训：传播见识，分享智慧 ………………… 138

7.1 怎样通过写作赚取收入 …………………………………………… 140

　　7.1.1 素材是第一位的：不断积累好的素材 …………………… 140

　　7.1.2 套路与创新：从学会套路开始练习写作 ………………… 142

　　7.1.3 平台定位：选择适合自己的分发平台 …………………… 145

　　7.1.4 不断提升：长期坚持写作 ………………………………… 147

7.2 技能提升：提升写作专业性 ……………………………………… 149

　　7.2.1 如何写好杂志文章 ………………………………………… 149

目录

7.2.2	零基础写软文	151
7.3	写作线上培训	154
7.3.1	个人标签设定	154
7.3.2	培训流程设计	156
7.3.3	学员互动技巧	159

第 8 章 社交电商：副业新风口 …… 162

8.1	社交电商的崛起	164
8.1.1	社交电商：电商的升级版模式	164
8.1.2	如何运营：社交电商运营模式探索	166
8.2	如何做好社交电商	170
8.2.1	明确定位：确定平台和产品	170
8.2.2	内容为王：社交电商内容搭建	172
8.2.3	社群营销：社交电商营销的好方法	174
8.3	社交电商案例分享	176
8.3.1	京东云小店：社交电商爆款	176
8.3.2	花生日记：社交电商领导者	178
8.3.3	淘小铺：人人可参与的社交电商	180

第 9 章 副业实战：有计划才会成功 …… 182

9.1	绘制自己的副业路线图	184
9.1.1	用 SMART 原则定义副业目标	184
9.1.2	用倒推法完成里程碑规划	187
9.1.3	制作愿景板和个人看板	189
9.2	经营副业的不同阶段	193

9.2.1 阶段一：观望 ·· 193

9.2.2 阶段二："三分钟热度" ······································ 195

9.2.3 阶段三：坚持有方 ··· 196

9.2.4 阶段四：自我怀疑 ··· 198

9.2.5 阶段五：安营扎寨 ··· 200

9.3 学会复盘：副业成功的关键 ··· 203

9.3.1 为什么要复盘副业 ··· 203

9.3.2 什么时候复盘副业 ··· 205

9.3.3 坚持复盘：阶段性+持续性 ·································· 208

第10章 副业风险规避：规避陷阱+掌握平衡 ···················· 210

10.1 避开副业中的陷阱 ·· 212

10.1.1 切勿盲目跟风：以自身为出发点 ···························· 212

10.1.2 万事开头难，切勿"三分钟热度" ·························· 213

10.1.3 切勿盲目乐观：看清希望与险阻 ···························· 215

10.2 如何更好地发展副业 ·· 217

10.2.1 发展副业的前提是做好主业，主次分明 ····················· 217

10.2.2 以赚钱为目的，兼顾自我提升 ······························ 219

10.3 "两栖青年" or "斜杠青年"：哪种是你的选择 ················ 221

10.3.1 "两栖青年"：活出生活的两面性 ·························· 221

10.3.2 "斜杠青年"：追求多元收入 ······························· 223

10.3.3 主业做不好，副业不好做 ···································· 225

10.3.4 为什么副业收入高也不能辞去主业 ·························· 227

10.3.5 副业经济未来展望 ··· 228

第 1 章

副业当道：做副业已成趋势

随着时代的不断发展，越来越多的人，尤其是年轻人，都选择在主业之外开展一种或多种副业。清研智库提供的数据显示，截至 2020 年年初，我国已经有超过 8000 万名年轻人在经营自己的副业，比 2019 年年初增长了 9.7%。

对于这些副业经营者来说，开展副业的契机多种多样，除个人因素外，还与经济水平的提升，以及地摊经济的盛行有很大的关系。同时，这些副业经营者开展副业的目的也各不相同，例如，有的是为了赚钱补贴家用，还有的是为了充分利用空闲时间。

此外，生活状态的进一步改善以及各项新兴技术的不断升级也使副业的选择更加多样化，其中蕴含的商机是不可估量的。因此，"主业+副业"已经成为一种不可忽视的就业趋势了。

1.1 个人因素：为何要做副业

或许很多人无法理解，假如主业能够支撑日常生活的开销，为何还要经营副业。实际上，经营副业不仅能够使精神"富有"，还能够营造心灵上的成就感和满足感。副业是主业的一道重要保险，可以使我们更好地实现个人价值，获得自我提升。

1.1.1 兴趣推动：把兴趣变成副业

张非凡是一个喜欢摄影的文艺青年，最近几年，他不断磨炼拍照技术，同时还自学 PS（Photoshop）技术。出于对摄影怀有强烈兴趣，他决定开展副业，购买摄影器材后开始接受各种付费约拍。过了一段时间，他不仅把购买摄影器材所花费的钱全部赚了回来，还找到了一个增加收入的途径。

张玉峰十分爱打游戏，甚至已经到了痴迷的地步，他的父母十分苦恼，却束手无策。然而，在一次机缘巧合之下，张玉峰帮助朋友代打了一次游戏，并拿到了 200 元的报酬。此后，他便开启了依靠打游戏赚钱的大门，并获得了一定的收入，同时他的行为也得到了父母的谅解。

像张非凡和张玉峰这样的人在生活中十分常见,他们在工作之余,把自己的兴趣发展为副业。而事实也证明,选择一个自己感兴趣的副业的确有很多优势,如图1-1所示。

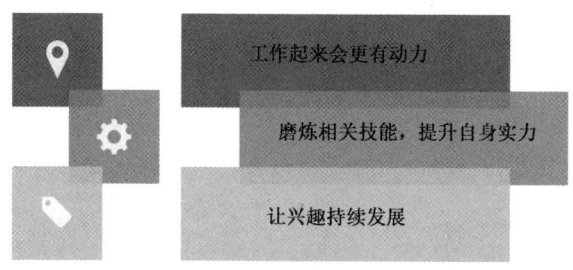

图1-1　把兴趣变成副业的优势

1. 工作起来会更有动力

从兴趣中发展副业,能够充分调动副业经营者的热情和积极性,使其在工作时更认真、更有动力。以摄影为例,对摄影感兴趣的人会想方设法把摄影的某个方面发挥到极致。例如,通过反复练习把证件照拍得更好看。在这个过程中,他们并不会觉得累或者枯燥,反而会非常开心和满足。

因此,在最开始选择副业时,最好不要单纯以挣钱为目的,这样往往会变得急功近利,假如没有达到预期的收益目标,很容易使副业经营者心态崩溃、一蹶不振。因此,副业经营者可以转换心态,从个人的兴趣入手,将自己喜欢做的事情发展为副业。这样即使副业最初的收益不高,也不会因此产生过多的负面情绪。

2. 磨炼相关技能,提升自身实力

有时候,很多人虽然会对一些业余活动有极大的兴趣,但是并不精于此道。将兴趣转变为副业,能够帮助这些人在实际工作的过程中不断磨炼相关技能,提升自身实力。

李珊珊是一位对笛子十分感兴趣的人，而且她会利用空闲时间做与自媒体相关的工作。例如，她将自己平时吹奏笛子的视频发送到各大网站上，吸引人们浏览并获得不错的点击量从而赚取一些零用钱。

久而久之，李珊珊在吹奏笛子方面更加熟练和得心应手，而且经常会有一些同好在视频下面与她交流技巧、心得。通过在各大网站上分享吹奏笛子的视频，李珊珊不仅积攒了很多人气、赚取了丰厚的收入，在与其他同好交流技巧、心得后也使自己吹奏笛子的水平得到了进一步的提升。

3. 让兴趣持续发展

有些兴趣的培养是需要一定成本的，将这些兴趣作为副业并从中获得收益，就能够保证生活上的收支平衡。如果副业的经营效果好，还可以将从副业中获得的收益再用到兴趣上，从而使副业和兴趣同时得到良性发展。

在将自己的兴趣发展为副业时，有以下几个注意事项，如图1-2所示。

图1-2 将兴趣发展为副业的注意事项

1. 具备相关基础技能

在将兴趣发展为副业之前，首先要确认自己是否具备相关基础技能。例如，某人的业余爱好是绘画，但是他并不具备依靠绘画赚钱的能力。在这种情况下，如果他坚持要将绘画作为副业，那么很难获得好的发展。所以，在将副业变为兴趣之前，一定要确认自己是否具备入门相关行业的基础技能。假如在审视自己后，认为自己并不具备相关的基础技能，这时也不要灰心，只要肯花时间继续练习，最终就能提升自身技能，成功开展副业。

2. 尽量避开竞争过于激烈的行业

随着经营副业的人越来越多，部分行业的竞争变得越来越激烈。这就要求我们在选择副业之前，必须通过多种渠道了解该行业目前的竞争激烈程度如何、形势发展如何，然后根据了解的情况选择一个竞争没有那么激烈、发展潜力比较大的行业作为副业。

3. 不要给自己太大压力

在将兴趣发展为副业的前期，副业经营者务必时刻保持自己的热情，将兴趣放在首位，不要过度在乎收益如何。假如过度在乎收益，给自己造成了心理压力，很可能导致副业经营低迷，在进行相关活动时也会失去热情，最终得不偿失。

如今，很多人都会发展许多兴趣，并将其作为生活的调味剂。假如能够把握住机会，找准平台，这些兴趣也可以变成收入的来源。而且只要保持足够的热情，将自己在兴趣上的能力和优势发挥出来，就更有可能在经营副业时获得成功。

1.1.2　激励因素：获得成就感和满足感

经营副业能够带来一定的成就感和满足感，这也是很多人开始做这件事情的重要原因之一。在很多情况下，经营副业不只是为了获取更丰厚的收益，同时也是为了追求精神上的充实。有些人拥有一项或者多项技能，而验证技能水平的最佳方式，就在于确认是否有人愿意为自己的技能付费。经营副业所产生的成就感和满足感也体现在这个方面。

李米是一位大型公司的白领，收入颇为丰厚，生活水平也很高。有一次，她在参加朋友的婚礼时，婚庆公司的花艺师恰巧有事无法及时赶到。因为她平常特别喜欢做一些插花摆放在客厅里，所以便自告奋勇地提出可以帮忙。

婚庆公司的老板看到李米在婚礼现场的插花作品后对其技能大加赞赏，并询问她是否愿意在业余时间来他们公司做兼职花艺师。看到自己的技能被认可，李米感到十分满足。因此，即使自己并不缺钱，可李米依旧答应了婚庆公司的邀请，将插花变成了自己的副业。

由此可见，经营副业有时不仅能够为自己带来收益，而且能够使自己获得心灵上的成就感和满足感。一般来说，与主业相比，副业为人们带来的收入一开始可能要低得多。不过，经营副业给自己带来的成就感和满足感是很大的。所以利用业余时间经营一些副业，不仅能够使自己的生活得到调剂，也可以减轻一些主业上的工作压力。

但是，我们在依靠副业获得成就感和满足感的同时，也需要兼顾自我提升，对自身的技能不断打磨，争取有更大的进步。当技能获得提升后，通过经营副业获得的收入也可以更丰厚，从而进一步提升自己的生活水平，形成良性循环。

1.1.3 职业保险：为主业加一道保险

在某些情况下，突如其来的"黑天鹅"事件会让人们面临失业的风险。如果真的失业了，很多人可能需要花费一段时间才能找到下一个工作。在找工作的这段时间内，这些人会因为没有了收入而变得焦虑、紧张，从而使自己的心灵和身体的健康受到不良影响。

但是对于拥有副业的失业者来说，收入的问题可以轻松解决。因为在找到下一个工作之前，他们还可以通过副业赚钱，维持日常开支。目前，有些主业存在一定的局限性，例如，部分"夕阳红行业"的发展潜力较小，多数人很难做出成绩；新兴行业的竞争压力过大，失业的风险非常高。面对这种情况，当人们需要养家糊口时，如果只拥有一项主业，并且收入不算太高，那么很可能生活过得比较困难。

经营一项副业不仅能够让自己的收入更丰厚，还可以在主业出现变动时为其加一道保险。不过，要想让副业发挥这样的作用，在实际操作时需要注意以下几个要点，如图 1-3 所示。

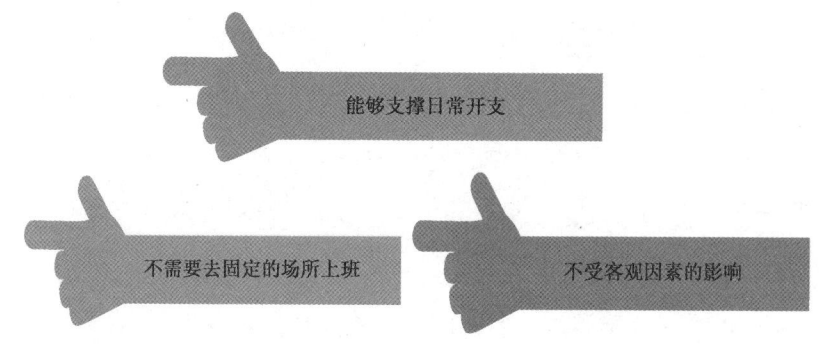

图 1-3　让副业发挥作用的要点

1. 能够支撑日常开支

想要在主业出现变动时不产生恐慌，副业的收入一定要能够支撑日常开支，如房租、水电费、餐费等。对于合格的副业来说，支撑日常开支是一项基础性的要求。如果主业出现变动，副业可以保证生活的节奏和质量不会受到影响，那么人们的心理压力就会得到缓解，在寻找下一份正式工作时也能够更加从容、冷静。

2. 不需要去固定的场所上班

很多人会选择在主业的工作结束以后去另一个地点开始上班，但是这往往被称作兼职。合格的副业通常不需要人们在某一个固定的地点经营，而是只需要使用手机、电脑随时随地就能够完成，并且各项投入比较少，回报却颇为丰厚。

3. 不受客观因素的影响

客观因素有很多，如天气、时间、地点、环境等。如果某人的副业是经营一家餐馆，那么该餐馆的客流量就很容易受地点、环境等客观因素的影响，从而出现收入不稳定的情况。因此，在选择副业时，如果想使其成为主业的一道保险，就必须进行缜密的调查和分析，并且谨慎思考以后再展开经营。同时，在经营副业时，也需要用心，这样才可以让副业的收入更丰厚，从而保证这些收入能够支撑日常开支。

综上所述，对于多数人来说，副业将成为主业的一道保险。当主业平稳进行时，副业带来的收入能够为生活提供更多的选择；当主业发生变动时，副业带来的收入也能够维持人们正常的生活，使人们用更积极的态度开始新的生活。

1.1.4 成长需求：弗兰克通过业余写作实现个人价值

为了能够将副业经营得更好，赚取更多收益，人们需要静下心来钻研相关技能。而在这个过程中，人们不仅能够获得丰富的专业知识，也能够提升自我修养，促进个人价值的实现。"弗兰克写作课"的主讲人弗兰克就是在将写作作为自己副业的同时获得了成长。

弗兰克看上去只是一位普普通通的中年男子，在"弗兰克写作课"的 PPT 中，他的形象总是一个穿着蓝色 T 恤、抱着儿子、笑得一脸开心的大叔。然而这位大叔已经依靠写作与授课成为年入百万元的新媒体领域的一个耀眼的"明星"了。

在33岁之前,弗兰克并没有接触过写作和自媒体领域,于是他将业余时间都投入写作上。为了增强自己的信心,弗兰克从一开始就为自己定下目标:写出100篇微信公众号文章,并通过写作赚取10 000元。

在定下这个目标以后,弗兰克的业余时间就被写作填满了。不过,好在通过他的不懈努力和反复练习,这个目标最终在一年以内达成了。但是弗兰克并没有就此止步,而是继续练习,与粉丝分享了更多有价值、有意义的文章。

因此,在34岁时,弗兰克正式创立了"弗兰克写作课",而他也从一个单纯的写作者变成了能够传授他人写作技巧的老师。当然,他的专业技能和个人眼界也都得到了提升。对于弗兰克来说,写作并不只是单纯的爱好或者副业,而是实现个人价值的重要助力之一。

通过弗兰克的故事可以知道,副业不仅能够为人们带来收入上的增加,以及心灵上的满足,还可以帮助人们更好地进步,从而实现个人价值。这些其实可以归结为一个重点,即成长需求。要想满足成长需求,在经营副业时,我们必须注意以下三个重点,如图1-4所示。

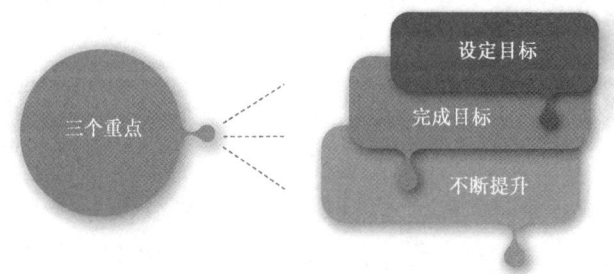

图1-4　利用副业满足成长需求的三个重点

1. 设定目标

在选择将某个行业作为副业时，人们一定要先为自己设定一个目标，例如，一年之内依靠该副业的收入覆盖日常开支等。设定目标能够让人们对经营战略和前进方向有一个清晰的规划，从而有利于副业的长久发展。

2. 完成目标

当目标被设定好以后，人们就可以利用业余时间来不断提升自己在相关技能上的水平了。将目标的达成情况作为衡量标准，能够帮助人们观察到自己的进步，获得成就感和满足感，从而有更多的动力去经营副业。

3. 不断提升

当达成一个阶段的目标以后，人们就可以顺势开启下一个阶段的目标。人们通过不断设定并达成目标，可以有效提高副业的核心竞争力，获取更多的收益。而在这样的良性循环下，人们也能够清晰地感觉到自我价值的提升，充分满足成长需求。

1.2 时代助力：时代发展为副业提供沃土

互联网时代提升了人们的生活水平，各种新兴技术、新兴行业也如雨后春笋般破土而出。在这些条件的影响下，副业的选择变得多样化。毫不夸张地说，"主业+副业"已经成为一种主流搭配。未来，将有更多的人加入经营副业的大军之中。

1.2.1 用户需求更加多样化

与之前相比，用户需求发生了很大的变化，这其中隐藏着非常珍贵的商机。瞄准用户需求来开展副业，往往能够在经营的初期就获得不错的收益。现在，用户需求大致可以分为以下几个部分，如图 1-5 所示。

1. 娱乐需求

如今，人们的生活压力普遍较大，所以有着更强烈的娱乐需求。想要更好地满足人们的娱乐需求，就要时刻掌握人们感兴趣的娱乐项目。对于副业经营者来说，直播、写作、短视频拍摄、自媒体等都是能够满足娱乐需求的副业。这些副业的门槛相对不高，并且能够在初期就为副业经营者带来一定的收入。不过,要想获得长远发展,就必须付出更多的努力,并且后期还需要花费比较高昂的维护成本费用。

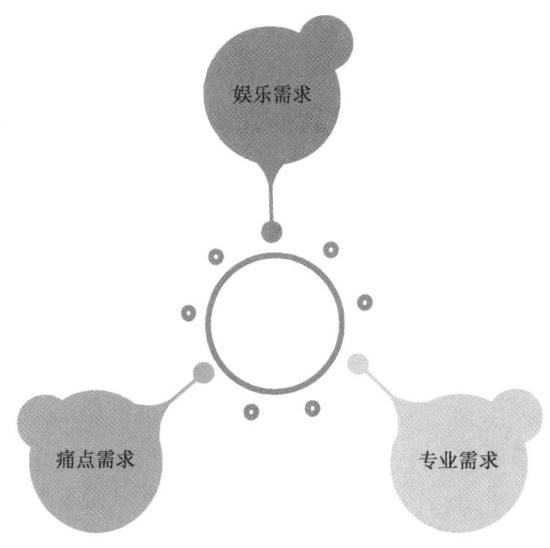

图1-5 多样化的用户需求

2. 痛点需求

人们在生活中总是会遇到各种各样的问题,然而问题的产生即是需求的产生。例如,社交电商等行业就是在这样的情况下应运而生的。

王建东是一位公司的白领,他想在周末购买一双新的皮鞋为下周的联欢晚会做准备。然而到了周末,王建东忽然感觉身体不适,所以他只好卧床休息,但是他还是想购买一双新的皮鞋。在传统商务模式下,他很难判断某一双皮鞋是否适合自己,但是在新型电子商务模式下各电商平台纷纷增加了直播功能。于是,他便打开了社交电商的直播页面,在主播的详细介绍下,他成功购买到了一双合适的皮鞋。

掌握住人们的痛点就可以掌握住人们的需求。如果你是上述案例中的主播,每天会遇到很多像王建东这样的人,那么,赚取的收益可想

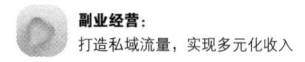

而知。因此，在开展副业之前，先找准人们的痛点，这样能够帮助副业经营者获得更多的利润。

3. 专业需求

在生活和工作中，人们很可能遇到一些超出自己专业知识之外的问题。这时，拥有一技之长的专家就能够为人们做出解答或提出建议。所以，目前出现了一些满足人们专业需求的副业，如网络外包等。人们利用自己的专业知识开发副业，能够充分发挥主观能动性，这样既帮助到了有需要的人，又能够获得报酬，实现自我价值，可谓是一举多得。

随着各项技术被不断地推陈出新，未来，人们的需求将变得更加多样化。在这些需求中，其实蕴含着无数商机。要想成功挖掘商机，就必须时刻关注热点，找到人们的痛点，将痛点开发为新的卖点，并以此来开展副业经营。总而言之，只有深入挖掘市场，把握人们的需求和心理，才可以将副业更好地经营下去，获得更多收益。

1.2.2　副业选择多样化

过去副业的选择比较单一（大多在商场内做兼职，或者到街上发放宣传单等），现在则有了很大的不同。具体来说，时代的发展使副业的种类越来越多，以至于让人们目不暇接，不知道如何选择。在这种情况下，我们可以从以下几个角度进行考虑，如图 1-6 所示。

1. 自媒体/网络直播/社交电商

随着 5G 时代的到来，网络传播的速度不断加快，自媒体、网络直播和社交电商等新兴行业将能够获得更好的发展。同时，这些行业的门槛低一些，所需要的资源少一些，其成本也相对低一些。因此，对于多数人来说，这些行业将成为开展副业的最佳起点。

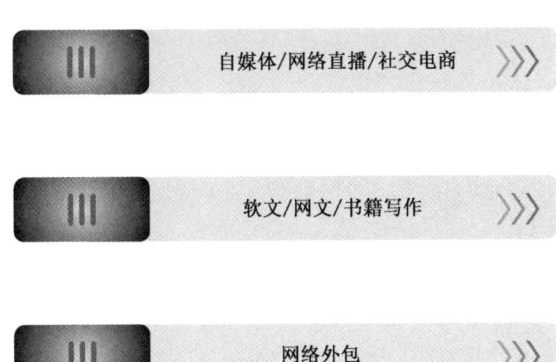

图 1-6　副业选择多样化

2. 软文/网文/书籍写作

刘慈欣于 1985 年参加工作，之后在某电厂担任计算机工程师。在此期间，他除了完成日常的工作，还利用业余时间撰写科幻小说。

获得高票房的电影《流浪地球》就是根据刘慈欣的同名科幻小说改编的。此外，《超新星纪元》《球状闪电》《三体》等深受大众喜爱的作品也是由刘慈欣撰写的。试着想一想，如果刘慈欣没有在业余时间进行科幻创作，那么我们还能看到这么好的作品吗？

对于一些爱好写作的人来说，像刘慈欣这样将写作作为副业就是不错的选择。相比于其他副业，写作的私密性更强，对个人的提升帮助也更大。而且，一部分生性内向的人很难做一些需要经常面对众多观众或经常与人打交道的工作，写作的私密性则能保证这部分人也能够出色地完成任务。

然而需要注意的是，不论是软文写作、网文写作，还是书籍写作，入门门槛都比较高，人们必须有一定的文字基础和丰富的知识积累。如果想要获得更多的阅读量和反馈，并从中赚取收益，就必须不断打磨自

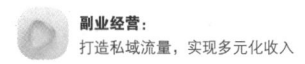

己的写作水准，时刻关注热点新闻。

3. 网络外包

当前新媒体发展繁荣，但是很多刚刚成立的公司对于网站经营等方面还不够了解，因此，网络外包就成了市场上的一项热门工作。对于拥有相关技能的人来说，网络外包将是副业的首选，其所能获得的收入更丰厚，而且受到主观因素影响的可能性比较小。

在合适的时间选择合适的副业，可以使生活获得改善，同时丰富人们的精神世界。面对演艺行业的巨大压力，很多明星都在经营自己的副业，而且类型多种多样。

面对众多的副业选项，我们需要考虑一下自己在哪个领域可以做到足够优秀，然后将某个平台当成"放大镜"不断放大自身的优势。此外，我们也可以抓住一个自己有把握的领域，积累大量的资源，然后撬动副业，把副业也做得风生水起。

1.2.3 "主业+副业"已成趋势

现在，很多人都在寻求"主动跨界"，希望抓住未来的风口。这个风口不是单一的某项副业，也不是选择了副业就必须放弃主业，二者是可以并列存在的，即"主业+副业"的模式。为了有更好的生活，这样的模式已经越来越受人们的欢迎了。

从正式步入社会开始，张伟松的发展就十分顺利：起初，他担任某公司的销售助理，帮助公司提升了业绩后他被评为金牌销售员，取得了多项荣誉；接着又慢慢晋升为销售主管，直到晋升为销售副总经理。但是在晋升为销售副总经理以后，他似乎看到了"职业天花板"。

面对这样的困境，张伟松想做些不一样的事情。于是，他盘点了自己的能力，希望从中找到自己的核心价值。经过谨慎的思考和多次的尝试，张伟松决定发展"领导力教练"这项副业，为客户提供打造个人品牌的服务和一对一辅导。

在开始时，为了更好地宣传和推广自己的副业，张伟松委托朋友推荐有需求的客户，并对前三位客户实行免费辅导的优惠政策，但是需要客户在第一时间对他的服务和辅导给出反馈。最后，张伟松的前三位客户都借助"领导力教练"的辅导获得了公司的赏识，并成功升职。

这三个非常有代表性的成功案例，使张伟松在这个领域有了一定的知名度，找他做咨询的客户也越来越多。现在，张伟松不仅为客户提供服务和辅导，还与一些公司合作，对这些公司的员工进行相关的培训。在这些成就的加持下，张伟松俨然已经成为一个"小老板"了。

对于未来的发展，张伟松也有自己的规划，他希望可以一直经营这项副业。但是，后期的模式可能与目前的模式有一定的区别。例如，等到业务稳定以后，他就不需要再亲自去授课或者做辅导，而是能够以顾问这样的身份来指导工作。这样一来，他就可以为自己赢得更多的精力和时间，从而更好地发展自己的主业。

事实上，副业不单单只代表着一份收入，同时也体现了更高的追求和更前卫的理念。而且很多时候，即使副业无法为自己带来丰厚的收入，但由此获得的体验也是一番独特的感受。当然，这也是越来越多的人选择在主业之外发展一项副业的重要原因之一。

如今，"主业+副业"已经成为很多人，尤其是年轻人的生活标配，这些人往往拥有多种技能和比较充裕的业余时间。然而，副业也可以看作"辅业"或者"富业"，我们需要在保证主业正常而又良性运行的基础上进行经营,这样才是正确的做法。

1.2.4 适合"小白"的 5 种模式,依靠副业变现

2020 年年初,受疫情的影响,很多公司不得不面临倒闭的风险,这也使得一大批人陷入了失业的困境。在这样的形势下,将副业变现成为这些人的追求。对于刚刚踏入副业领域的"小白"来说,以下 5 种变现模式非常适用,如图 1-7 所示。

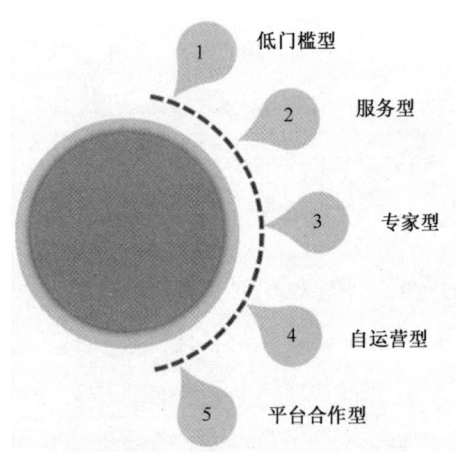

图 1-7 适合"小白"的 5 种变现模式

1. 低门槛型

低门槛型的变现模式比较容易上手,如微商等。不过在做微商时,我们一定要选择自己真正使用过的,并且认为优秀的产品,因为这是你在用自己的人品为产品背书。别人对自己的信任是无价之宝,我们必须好好珍惜这份信任。

2. 服务型

服务型的变现模式就是提供某种服务。假设你的主业是平面设计，那么，就可以利用业余时间接一些其他公司的订单，以获得更多的收入。

3. 专家型

如果你是某个领域的专家，那么就要充分利用自己的技能，不要将其白白浪费。例如，你可以在相关平台上开展付费咨询，以便为他人提供好的建议。

4. 自运营型

如果你可以独立运营某个项目，那就自己找项目去做。例如，李景华是一位在读研究生，她利用寒假的时间，开办了一个思维导图训练营。这一举措不仅让李景华实现了副业变现，也锻炼了她的能力，使她的价值得到了很大提升。

5. 平台合作型

平台合作型的变现模式就是选择一个合适的平台开展自己的业务。例如，李敬思在一家房地产公司工作，平时的薪酬很不稳定。因此，她决定利用业余时间在某医药平台上做分销，这项副业为她带来了10万元/年的收入。

现在，很多"小白"虽然已经知道了哪种变现模式才适合自己，也有了通过副业变现的想法，但是一直不采取行动。这种畏首畏尾、害怕承担风险的行为其实是非常不可取的。正所谓"不是成功了才开始，而是开始了才成功"，我们要有敢于开始做副业的勇气。

其实换一个角度考虑，即使你的副业失败了，那何尝不是一种收获呢。因为你发现了自己的劣势和不足，所以通过总结经验和教训就可以

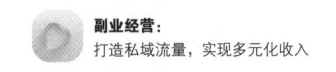

找到更好的副业经营之路。ABZ 人生职业规划理论认为，在做一件事情之前，应该准备三个计划：A 计划、B 计划和 Z 计划。

其中，A 计划是当下值得投入，并且可以获得收益和安全感的计划，如主业；B 计划是 A 计划之外的某些特殊而又符合现状的计划，如副业；Z 计划是一个保底的计划，如在失业之后，可以保障自己和家人正常生活的计划。

虽然 B 计划看起来不如 A 计划和 Z 计划那样重要，但是很可能让你的职业生涯发生巨大转折，也很可能让你的生活变得更好。在正式开启副业经营之路以前，我们应该制订一个 B 计划，为自己创造更多的安全感。

第 2 章

转变思维：精准定位，顺应时势

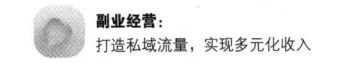

在发展副业之前，你经过一番深思熟虑后，觉得自媒体非常不错，也很适合自己。于是，你开始不断阅读相关书籍、观看自媒体教学视频。在阅读和观看的过程中，你发现很多书籍和视频都在传递同一个重点——必须找到属于自己的定位。

这个重点当然没有错，但问题是，很多刚刚进入副业经营领域的新手不知道应该把自己定位在什么方向。如果这些新手强行给自己定位，那么可能不会起到积极的作用。因此，为了避免出现风险，我们应该转变思维、顺应时势，根据自身实际情况进行定位。

2.1 思维改变结果

在经营副业的过程中，我们会遇到各种各样的问题，其中有些问题可能非常难处理，此时是继续向前，还是止步不前，这是摆在每个副业经营者面前的选项。但是如果掌握了正确的思维，那么结果将有很大的不同。

作为副业经营者，我们应该掌握3种常见的复利思维，包括产品复利、能力复利和成就复利。此外，我们还应该培养自己的投资型思维，从更深刻的角度去看待事情。这种思维的升级，有助于让副业经营取得令我们满意的结果。

2.1.1 副业经营的3种复利思维

正所谓"思维决定出路"，思维一旦出现错误，做起事情来可能就会遇到一些困难。因此，在我们决定经营副业之前，应该先整理好自己的思维。一个合格的副业经营者应该具有复利思维，比较常见的复利思维又可以分为以下3种，如图2-1所示。

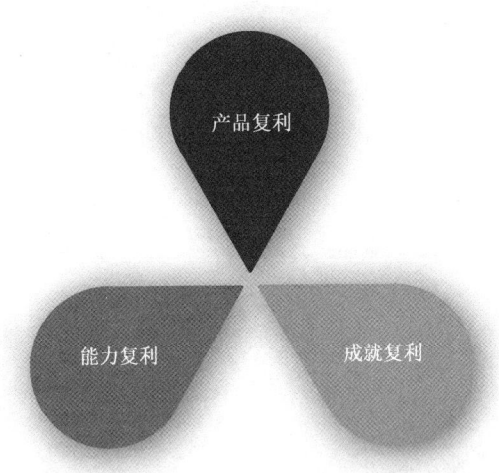

图 2-1　3 种常见的复利思维

1. 产品复利

产品复利是指持续销售或者推广知行合一的产品。在经营副业时，如果选择了与销售或者推广产品有关的领域，那么就必须保持知行合一的态度，即"只销售或者推广自己使用过并且认为优秀的产品"。例如，李佳琦在销售产品之前会做足功课，包括对产品进行试用以了解产品的性能和功效等。

掌握产品复利的思维可以让自己的副业之旅事半功倍。张萌萌的副业是微商，她经常会通过朋友圈分享自己使用产品的过程，有时也会将这个过程拍摄成短视频发布在抖音、快手等平台上。这样可以让潜在的消费者充分了解她所销售的产品，以及产品的效果如何。

李亚静是一名手账爱好者，她利用短短两年的时间，打造出了一种非常独特的"古风"手账，并且受到了很多粉丝的喜爱和关注。之后，她在淘宝网上开了一家店铺，销售自己之前买过的手账产品，并且价格合适。因为有一定的粉丝基础，所以李亚静的淘宝店铺非常火爆，她也蜕变成了一个成功的副业经营者。

在初始阶段，知行合一的态度也许比较容易保持，但是随着广告商给出的价格越来越高，往往会有人忘记初心，向消费者推荐一些自己并不知道效果如何的产品。如果只出现一两次产品有问题的现象，那么消费者可能认为是副业经营者不小心或者把关不严。一旦这种现象越来越多，则会对副业经营者的信誉和副业的正常经营产生严重的影响。

2. 能力复利

在15岁时，你觉得学游泳很难，于是选择了放弃；到了18岁，你遇到一个自己喜欢的人，他约你一起去游泳，你却只能说我不会。如果当时你坚持把游泳学会，那么，是不是就可以和自己喜欢的人一起去游泳了呢？所以，一些关键的技能肯定是越早掌握越好。能力复利就是要求人们掌握更多的技能，以便在重要的时刻发挥作用。

王静文和李铮服务于同一家出版社，并且他们都将翻译作为自己的副业。恰巧，该出版社有一份英语稿件需要翻译，两人因为平时表现出色被同时划入了候选名单中。

在做出最终的决定时，出版社编辑了解了虽然两人的英语水平不相上下，但是李铮还利用业余时间学习并掌握了德语。考虑到这份稿件中有部分内容使用了德语，所以出版社编辑就把这项工作交给了李铮。

凭借利用业余时间掌握的技能，李铮不仅获得了珍贵的工作机会，也赚取了丰厚的收益。由此可见，学习并掌握更多的技能可以实现个人价值的提升，同时也可以在实践的过程中获得更大的主动权。

3. 成就复利

当人们达成一项目标以后，可以复盘并总结出达成该目标的方法论，即成就复利。上述案例中的李铮在利用业余时间学习并掌握了德语

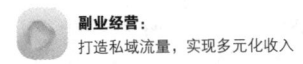
副业经营：
打造私域流量，实现多元化收入

以后，总结了一套独具特色的学习方法，并开设了微信公众号向读者传授这些方法。

除此之外，他还经常翻译一些德语书籍，并提供中德对照版本来帮助读者更好地阅读和理解。对于部分向他提问的读者，他也会给出指导与回复。在经营副业的过程中，李铮变得越来越专业，他也从中获取了很多收益。

因此，养成总结、复盘的习惯对于副业经营者来说是非常重要的。当人们能够归纳出一套完整的方法论以后，在经营副业时就可以更得心应手。同时，将方法论教授给他人也能够为自己带来额外的收益，使自己在副业领域做得更出色。

2.1.2　投资型思维 or 消费型思维

在消费同一个产品时，不同的人可能有不同的目的。有些人只是为了消费这个行为本身，而有些人则是在对自己进行投资。在此基础上也产生了两种不同的思维，即投资型思维与消费型思维。对于副业经营来说，这两种思维所产生的影响是不同的。

张明、王培林、李正阳分别同时购买了一套营销课程，但是三人的表现大相径庭。

张明在学习完第一阶段的营销课程以后，觉得非常实用，可操作性也很强，不过他并没有做任何的笔记，也没有对老师传授的方法与技巧及自身的实际情况进行思考和总结。最后，他甚至因为懒惰而没有再继续学习后面的内容。

王培林把所有的营销课程都听完了，也非常认真地做了笔记。不过，他没有把老师传授的方法与技巧应用到实践中，也没有去思考自己接下来应该做些什么。也就是说，营销课程结束以后，王培林的学习也随之一起结束了。

李正阳在营销课程还未正式开始之前，便了解了此次营销课程的更新节奏和详细目录，并提前规划好了学习的时间。而且每学习完一个阶段的营销课程之后，他都会更新自己的笔记，并根据自身的实际情况列出接下来的行动方案。

在上述三人中，李正阳采用的是真正意义上的投资型思维，而张明和王培林采用的则是消费型思维。与消费型思维相比，投资型思维更有助于副业的开展和经营。因为采用消费型思维的人往往只看重消费，所以在消费过后便将其抛之脑后。而采用投资型思维的人则会总结出一些有价值的知识和方法论，并将其应用到实践中，为自己创造更多的机会。

可见，如果我们在经营副业的过程中采用投资型思维，那么就有利于提升自身实力和积累经验。那么，我们应该如何培养自己的投资型思维呢？其实可以从以下三个方面来展开，如图2-2所示。

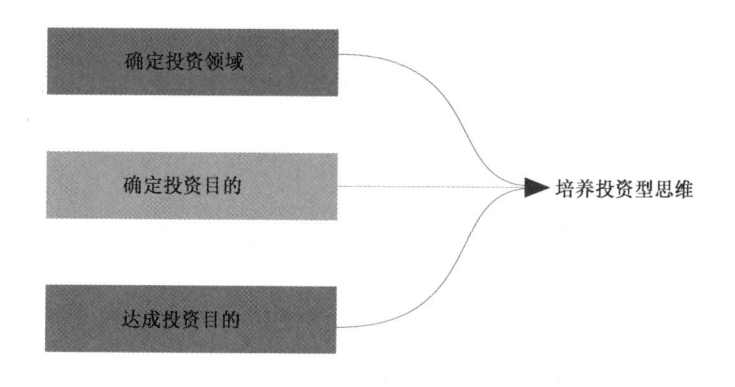

图2-2 培养投资型思维

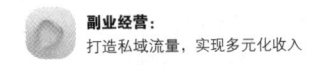

1. 确定投资领域

在培养投资型思维之前，应该先确定自己心仪的投资领域，即要在哪个领域开展副业。在确定投资领域时，可以从自己的爱好，或者擅长的技能等方面来进行综合的考虑。

2. 确定投资目的

当确定了投资领域以后，就应该确定自己的投资目的。如果想在新媒体领域开展副业，那么就必须分析自己能够在该领域做出怎样的成绩以及想获得怎样的发展。例如，是否可以独立撰写出 50 篇文章并到各大微信公众号平台上投稿。只有明确自己的投资目的，在经营副业时才会更有针对性，从而避免单一的消费型思维出现。

3. 达成投资目的

当投资目的被确定以后，达成投资目的将成为培养投资型思维的最后一环，也是最重要的一环。很多人会在初期设定明确的投资目标，但是在实施的过程中逐渐迷失了自己。因此，我们要保持初心，不断为达成投资目的而努力。对于副业经营者来说，只要时刻牢记自己的投资目的并努力达成，就能够实现自我提升，使自己的付出更有意义。

综上所述，投资型思维将有助于人们成长，对开展副业经营也起着极其重要的作用。培养投资型思维，能够使副业经营更有价值，也有助于将这个价值变为真正的收益。因此，在进行副业经营之前，我们需要认真地考虑自己的投资目的，并将投资目的达成，从而培养出投资型思维，为今后的发展打下坚实的基础。

2.2 副业项目思考：精准定位副业项目

由于缺乏实践经验，很多副业经营者不知道应该如何精准定位副业项目，也不知道应该怎样做才可以赚取更多的收入。本节着重分析如何迅速找到自己能够胜任的，并且有"钱景"的副业项目，其中比较重要的内容是：分析自身优势与环境优势，列出优势排序，并对优势标签进行分析。掌握了这些内容，我们就有了经营副业的大致方向了。

2.2.1 分析自身优势与环境优势

如果想精准定位副业，比较直接的方式就是分析自身优势与环境优势。其中，分析自身优势可以让副业经营者快速进入状态；分析环境优势则可以帮助副业经营者找到收益更丰厚的项目。在实际操作时，需要注意以下几个重要部分，如图 2-3 所示。

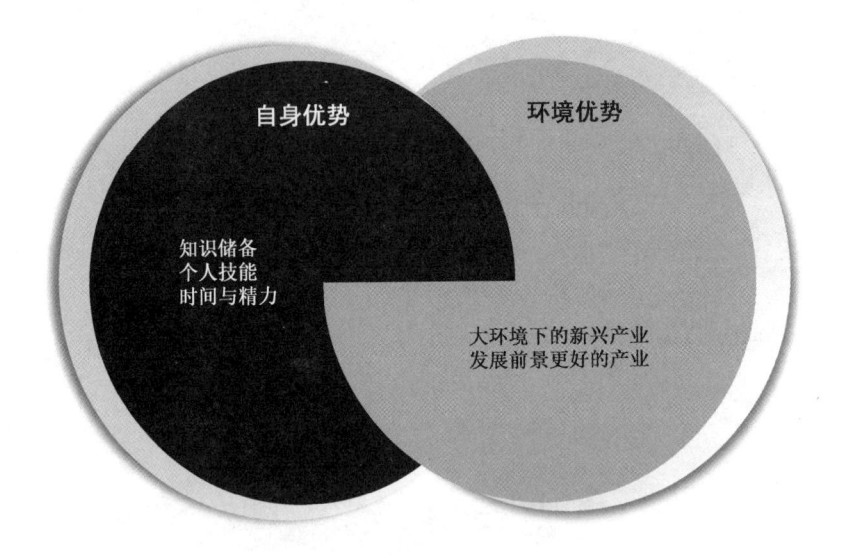

图 2-3　分析自身优势与环境优势

1. 自身优势

① 知识储备

副业经营者可以优先分析自己在哪个或者哪些领域的知识储备较多，从而确定出一个大概的方向。在分析自己的知识储备时，副业经营者可以从曾经学习过的专业或目前正在从事的专业中进行选择。例如，王静毕业于某大学的英语专业，后来从事的也是英语教学的工作。那么，她就可以将知识付费社群、线上英语课程、英语同声传译等作为副业。

② 个人技能

副业经营者可以从兴趣和专业这两个角度出发，挖掘出自己能够应用在副业经营中的技能。因为技能的类型各种各样，所以能够衍生出的相关副业也比较多，包括网络外包、摄影、写作、直播、微商等。

③ 时间与精力

分析自己的时间与精力是决定能够从事哪一类副业的重要环节。根据业余时间的长短不同，副业经营者可以选择不同的副业类型。例如，业余时间比较少的副业经营者，可以选择广告策划、文案写作等。根据精力的多少，副业经营者可以最终决定自己是否能够开展副业。如果在精力不足以支撑副业时强行开展副业，那么很可能影响到主业，甚至对身体健康造成影响。

2. 环境优势

① 大环境下的新兴产业

分析环境优势时，副业经营者可以考虑一些新兴产业，这类产业往往还处于发展阶段，拥有强大的潜力。例如，5G 相关产业、新媒体相关产业等。随着 5G 时代的到来，这类产业能够在短时间内成为风口。

② 发展前景更好的产业

除大环境催生的新兴产业外，部分老牌产业也在顺应时代的发展，并有可能重新焕发生命力。只要副业经营者找准时机，把握住此类产业的转型关键期并顺势加入，就能够获得不错的收益。

在分析环境优势时，副业经营者其实也可以采取反向思维，即考虑哪些产业正处于劣势，及时规避此类产业也能够降低副业经营者的试错概率，为副业经营打下良好的基础。

2.2.2 用清单列出优势排序

这里所说的优势可以分为两种：一种是先天优势；另一种是后天优势。

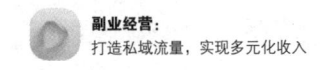

对于先天优势，我们可以用三个维度来挖掘。第一个维度：从小就喜欢或者经常会做的事情；第二个维度：做起来使自己非常开心、享受、有激情的事情；第三个维度：比较擅长、可以比别人做得更好的事情。将这些维度总结在一起，也许可以得到一些做副业的灵感。

对于后天优势，我们可以采用"环境参与法"来挖掘。即积极参与各种各样的活动，包括线上活动和线下活动。在活动中，我们可以发现自己的不足和缺点，而且通过接触某些成功人士，我们也可以获得一些有价值的启发。

当挖掘出自己的优势（先天优势和后天优势）后，我们可以用清单将其罗列出来，接着再通过时间、资金、状态、交流四大要素去衡量其重要性，并对其进行排序。

时间是你为自己的优势所花费的时间，通常是一个估值；资金是你为培养自己的优势愿意付出多少资金，如，是否愿意购买付费课程；状态是在培养或者使用自己的优势时的心理感受是兴奋还是有压力；交流是你在与别人谈话时，是否会经常提起自己的某个优势。

综上所述，如果你愿意为某个优势花费时间和金钱，而且在培养或者使用这个优势时觉得十分快乐，也愿意与别人分享这个优势，那么毋庸置疑，你需要将这个优势排到最前面，其他优势则可以根据重要性适当往后排。

在对待自己的优势时，我们应该遵循"二八法则"。即用80%的精力去发展可以产生收益的优势，然后用剩下的20%的精力去探索其他优势。当然，值得你付出80%精力的优势，一定在清单上排得比较靠前。

2.2.3 分析最好的优势标签

如果想把优势发展成为副业，那么我们还需要将自己营销出去。因此，我们应该分析优势标签，将最好的那一个挑选出来，这样可以让我们自带"营销力"，从而吸引更多的关注。目前，比较常用的优势标签有三种：身份标签、能力标签和市场标签。

身份标签主要从工作、生活和专业三个方面来进行分析。在工作方面，我们需要找到自己在主业中的定位，也可以努力考取相应的资格证书；在生活方面，我们需要找到自己的角色，以吸引相同角色的人。假设你的身份标签是宝妈，那么就可以吸引其他宝妈们；在专业方面，我们需要了解自己的专业，展示自己的优势。

能力标签主要是梳理职业生涯，了解自己具备什么样的技能和经验。此外，我们还需要梳理已经取得的成果，并总结通过该成果获得的技能和经验。

市场标签包括两个维度：第一个维度是产品的市场标签，例如，你正在销售的产品或课程等；第二个维度是你本身的市场标签，该市场标签必须得到市场的认可，如平台讲师等。应该注意的是，这两个维度的市场标签都需要进行自我包装。

根据分析出来的优势标签，我们可以找到适合自己的副业。如果还想让副业的渠道进一步拓宽，那么我们就不能怕辛苦，而是需要接着找出副业中的主营项目，并不断优化和调整盈利模式。最后，我们应该做好精力管理和时间管理，以便使副业得到更好的发展。

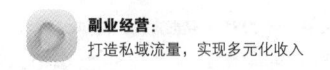

2.3 时机：找准时机，扬帆起航

经营副业需要找准时机，毕竟是先有主业，后有副业。试想，如果一个人连自己的主业都没有做好，那么他如何开启副业呢？举例来说，王斌在某个公司已经工作了三年，对自己的主业可谓是得心应手，有非常充裕的业余时间；而张立强最近刚刚进入一家新的公司，对很多工作还处于适应期，压力非常大。相比较起来，王斌肯定更适合发展自己的副业。

那么，我们应该如何判断现在是不是经营副业的时机呢。此时，需要我们从收入、晋升、个人价值等维度去衡量，这也被称为三花聚顶法。例如，通过此方法，梁思就做起了课程分销，而且取得了可观的收入。

2.3.1 三花聚顶法：你的职场状况是否健康

如果做出了经营副业的决定，那么除了要选择好项目，还要选择一个合适的时机。我们可以使用三花聚顶法，该方法包括三个顶点，如图2-4所示。

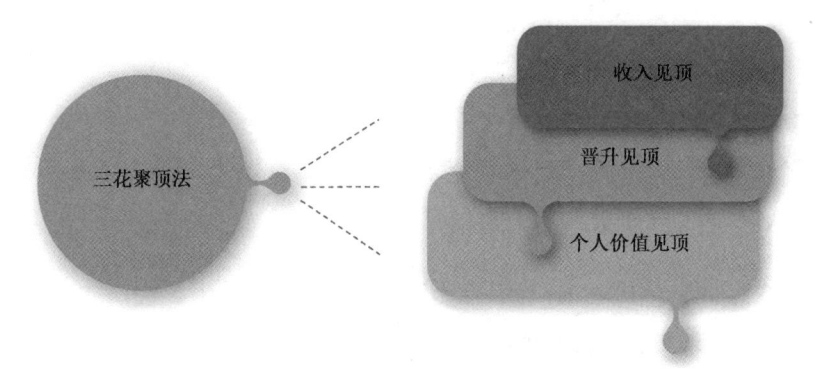

图 2-4　三花聚顶法的三个顶点

1. 收入见顶

收入见顶是指在从事某一项工作时，最高收入能够预见到，但是并不理想。在这样的情况下，贸然放弃工作并不是明智的做法。要想打破收入见顶的僵局，可以选择一个适合自己的副业，并用心去经营。

王利伟是某公司的初级工程师，他的月收入为8000元底薪加提成。一般来说，他每个月可以获得1万元左右的收入。有一次，通过与同事聊天，王利伟了解了公司的高级工程师每个月能够拿到近3万元的收入，而他想要升到高级工程师至少还需要两年的时间。

同时，在王利伟居住的城市，1万元也不算是很高的收入。这也就意味着，他应该思考如何摆脱这样的困境来为自己攒下更多的积蓄。

对于王利伟来说，辞职换一份新的工作不一定能有更高的收入，而且，就业形势的严峻迫使他不敢轻易迈出这一步。一个偶然的机会，王利伟在网上看到有的公司正在开展网络外包服务，而他恰巧拥有相关技能。于是，他利用业余时间做起了网络外包。通过这项副业，他每个月的收入能够增加大约5000元，这些额外的收入使自己的生活越来越好了。

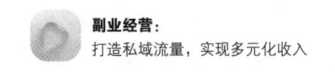

2. 晋升见顶

晋升见顶是指晋升空间小，晋升概率低。当遭遇这个现状时，不妨暂时放弃晋升，去学习一项新的技能，为自己打造出全新的标签，从而创造更多的工作机会和事业上的机遇。

李辉是某公司某部门的一名普通职员，其岗位上最高级别的领导是部门主任。但是，如果他想做到这个位置就必须等现在的部门主任退休后。李辉想寻求突破，于是他利用业余时间报名参加了新媒体课程，并在征得领导同意的前提下开通了自己的微信公众号。在李辉的精心运营下，微信公众号有了上万名的粉丝，而他也通过帮助公司品牌做广告、销售自有产品等方式获得了不菲的收益，成功打破了之前晋升困难的现状。

3. 个人价值见顶

对于有些人来说，工作并不只是为了挣钱，更是为了实现其个人价值。但是有些工作只是在日复一日地进行机械化的劳动，很难展现出个人价值。在这种情况下，要想实现个人价值，就可以从副业中寻求突破。

刘晶晶是某家商场的售货员，现在的薪酬虽然能够维持她的日常生活，但是她还有更高的理想抱负，想展现自己的个人价值。很显然，售货员这个职业并不能让刘晶晶充分发挥个人价值，因此，她在业余时间报名参加了写作培训课程。

通过一段时间的学习，刘晶晶的写作水平有了明显的提高，于是她便开始写一些软文投稿到微信公众号平台上来赚取收益。后来，当写作技巧愈发成熟时，刘晶晶开通了自己的微信公众号，向他人输出自己的观点，同时也教他人写作。在刘晶晶的细心经营下，她的微信公众号收获了一大批粉丝，目前还在持续增长。由于个人价值得到了实现，刘晶晶也变得更自信了，她觉得生活得很充实。

2.3.2 抓住时机：何时是发展副业的好时机

看着身边越来越多的朋友、同事纷纷开展副业，很多人也有了这样的想法。但是，发展副业也需要注意时机，否则很有可能事倍功半。那么，如何才能找到发展副业的好时机呢？具体的方法如图 2-5 所示。

图 2-5 寻找发展副业的好时机的方法

1. 做好时间规划

在开始发展副业之前，一定要做好时间规划。假如主业相对繁忙，会占据一天中的大部分时间，那么就需要考虑自己分配给副业的时间是否能够保证副业的正常经营。如果无法保证能为副业分配足够的时间，那么暂时就不要开展副业。在做好时间规划的前提下，主业和副业才可以更好地并行，才不会因为副业而造成主业的荒废。

2. 保持精力充沛

对于大部分人来说，主业已经使他们精疲力尽了，再开展副业显然是天方夜谭。所以要想发展副业，就必须确保自己有足够的精力。为此，我们需要对精力进行有效的管理。提高专注力将能够有效提升工作效

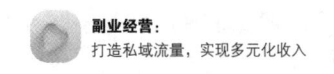

率，从而减少精力的消耗。同时，保持合理的休息时间，减少情绪波动也利于存储精力。

3. 抓住当下热点

在开展副业之前，必须对热点有充分的研究，确保自己所选择的副业能够达到自己获取收益或实现个人价值的目的。在日常生活中可以时刻对热点进行观察，只有抓住了热点才能顺利开展副业，才有可能在初期就获得令人满意的收益。

4. 顺应时代趋势

要想把副业经营好，从中赚取更多的收益，顺应时代趋势是非常重要的一点。例如，随着5G时代的到来，社交电商会迎来发展高峰。假如此刻能够顺应时代趋势，适时开展社交电商等相关副业则更容易做出好的成绩。

综上所述，如果大家决定开展副业，就应该把握时机，将自身状态调节至最好，对当下热点和时代趋势进行充分的了解。如果我们可以在天时、地利、人和都恰好的时机下开展副业，那么将迎来一个值得期待的开门红。

2.3.3　收入瓶颈：陷入收入瓶颈的梁思做起了课程分销

梁思是一位艺术培训学校的老师，她的月收入为4000元底薪加提成。在提成方面，每当有一位新学员报名时，梁思能够获得500元的提成；如果某一位老学员续费课程，梁思就可以获得300元的提成。在正常的情况下，梁思每个月的收入可以达到7000～8000元。

然而梁思生活在上海，7000~8000元的收入只能够覆盖房租、水电费、上网费、饭费、刚需品采购费等日常开销。如果她想要攒下更多的积蓄，那么仅靠现在的收入显然是无法完成的。因此，她开始从各个方面寻找突破口。

梁思最先想到的是通过晋升来提升自己的收入。然而她在与同事的交流中发现，她能够做到的最高级别仅仅是培训主任，培训主任每个月也不过只有1万元左右的收入。此外，她想要晋升为培训主任，需要5年以上的工作经验，整个过程的时间成本过高。

为此，梁思开始转变自己的策略。在一个创业社群中，她初步了解了有关课程分销这项副业的相关事宜。通过进一步了解，梁思得知，课程分销就是帮助各种教育培训学校解决生源不足的问题，主要任务是撰写出有创意、有新意的文案，并利用微信、微博、抖音、快手等社交平台将其发布出去，从而引导更多的学员前来报名。而每当有一位新学员报名时，梁思都能够获得20%的佣金。

常年在教育培训行业工作的梁思立刻从课程分销中看到了商机，于是，她遵从自己的想法开始撰写文案。由于拥有这一行业的基础经验，梁思的文案很快为她吸引来了第一批学员。同时，依靠这批学员的人际关系网，梁思成功建立了一个课程分销的社群。如今，仅靠平日在社群中发送课程消息就能够为梁思带来一笔不小的收入。

依靠课程分销，梁思每个月可以稳定获得3000元左右的额外收入。而在寒暑假等热门报名期间，梁思每个月甚至能够获得5000元以上的额外收入。对于梁思来说，这笔收入将能够使她的存款更丰厚，同时也能够帮助她从容应对更多的意外情况。

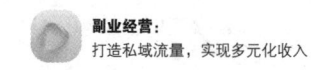

副业经营：
打造私域流量，实现多元化收入

梁思在工作中的遭遇，属于"三花聚顶"中的收入见顶。而要想突破这个现状，就必须另辟蹊径。对于梁思这样的年轻人来说，只要能够发挥自己的优势，找到合适的副业并且用心经营，现在的收入状况就能够被轻松超越。在副业的加持下，生活也能够获得更多的保障。

第 3 章

兴趣爱好：做副业的动力

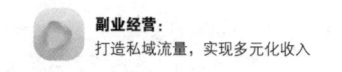

副业经营：
打造私域流量，实现多元化收入

在消费升级的现象出现以后，很多人都不满足主业带来的收入，也担心自己哪天会被快速变化的时代淘汰出局，所以在主业之余发展一项副业就显得尤为重要。于是，选择多重职业身份，拓展更多的可能性，拥有多份收益已经成为越来越多的人的选择。

然而，这些人应该如何轻松、高效、持续、稳定地赚取更多的收入呢？答案就是他们需要为副业增添动力，这个动力就是兴趣爱好。一般来说，将兴趣爱好作为选择副业的标准，可以使副业得到更好的经营，副业经营者在这个过程中也可以更舒服、愉悦。

3.1 以兴趣确定自己的副业

如今,已经有越来越多的年轻人开始经营副业,然而也有一部分年轻人认为经营副业会占据自己发展兴趣的时间。实际上,兴趣和副业并不是相互对立的关系。很多副业经营者并不是单纯地从零开始发展一项副业的,而是以自己的兴趣为基础,这样可以让自己在获得收益的同时享受更多的快乐。

3.1.1 兴趣与赚钱并不冲突

以前有不少人都认为兴趣只适合在业余时间发展,并不能成为赚钱的工具,然而真实情况并非如此。随着时代的不断变化,新技术层出不穷,越来越多的人有能力将自己的兴趣发展为副业甚至是主业了。

例如,一些旅行类的 Vlog 博主,他们的兴趣是去全世界旅行,在旅行途中拍摄视频、写下游记等,这样不仅能满足他们的爱好,还能够为他们创造更多的收入,扩充他们的经费。因此,将兴趣变为赚钱的工具早已不是一件困难的事情了。

在将自己的某一项兴趣作为副业时，需要对这项兴趣多加考量。假如只是对某件事物有兴趣，而在其相关行业没有任何技能，那么就不要轻易尝试。此外，假如与这项兴趣相关的行业竞争十分激烈，那么想要入局也需要三思。

B站（网友对哔哩哔哩视频网站的昵称）的一些UP主都是在完成本职工作以后才去拍摄视频的。但这些UP主的粉丝数量有着很大的差别，其本质就是他们在视频的拍摄、后期制作、传播等相关领域的技能水平不同。

例如，B站美食区有一位著名的UP主，该UP主将拍摄美食视频作为自己的副业，每天下午六点半钟都会准时更新自己的美食视频。大部分观众或许会认为拍摄美食视频的入门门槛不高，不需要有特殊的技能，然而事实不是这样的。

首先，在拍摄时必须保证机位摆放在最佳位置，同时还需要配合当日的天气或者屋内的光线照射等情况；其次，需要对场景布局、节奏把控、转场效果等关键点有所了解；最后，需要把剪辑工作做好，突出内容中的精彩部分。

这位UP主最初进行美食视频拍摄时只是出于自身的兴趣，想要和大家分享一下自己的生活。然而与众不同的卖点和比较精湛的技能促使他成了一名知名度高、影响力大的UP主，与此同时，他也顺利完成了兴趣的变现。

如果想像这位UP主一样利用兴趣赚钱，就需要掌握以下两个要点，如图3-1所示。

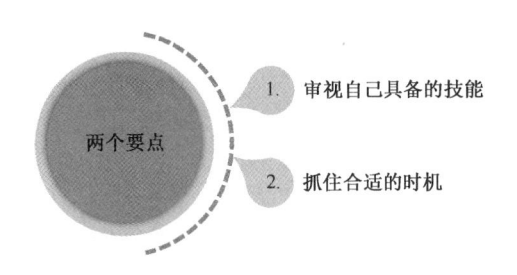

图 3-1 利用兴趣赚钱的两个要点

1. 审视自己具备的技能

在确定自己想要发展某项副业之前，一定要审视自己是否具备相关行业的基础技术。假如是想利用自己对绘画的兴趣赚钱，就可以将自己的画交给专业人士，让其来评判自己的绘画技术，从而判断出自己是否够资格利用这项兴趣赚钱。只有在确定自己具备某个相关行业的技能后，才能够顺利发展某项副业。

2. 抓住合适的时机

时机对于副业经营十分重要，在前面已经说过。我们需要了解感兴趣的相关行业的发展前景：如果该行业拥有不错的发展前景，那么当下就是经营副业的好时机；如果该行业的发展前景有一定的局限性，那么在经营副业之前就需要多加思考了。

综上所述，只要对兴趣相关行业有清楚的认知，同时结合自身条件和外部条件来选择正确的副业以及发展副业的最佳时机，就能够事半功倍，将兴趣变为赚钱的工具。

3.1.2 如何找到与兴趣相关的副业

其实，找到与兴趣相关的副业并不难。例如，在了解兴趣的前提下，可以利用搜索引擎来筛选与该兴趣有紧密联系的行业。如果只是输入与自己的兴趣相关的关键词，搜索出来的行业可能比较繁杂，此时就可以先"大面积撒网"，然后从中找出自己喜欢并且能够胜任的行业。

很多时候，一件事物或者一种行为的产生包含了多个行业的共同努力。因为这些事物或者行为对于人们来说是习以为常的，所以可能无法在短时间内联想到其背后关联的诸多行业。在这种情况下，我们可以利用思维导图来帮助自己厘清思路。

李静娴是某公司的一位白领，收入颇为丰厚，她平时最喜欢做的事情就是逛街购买漂亮衣服。为了能够攒下更多的积蓄，李静娴想开展一项副业。不过，她并不清楚自己的兴趣能够支持她开展何种副业。于是，她便在朋友的建议下制作了一张思维导图，如图 3-2 所示。

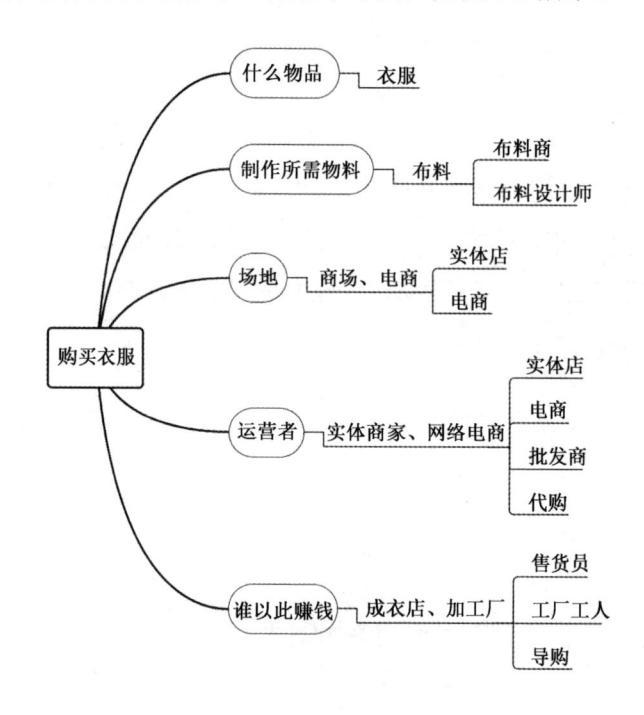

图 3-2 李静娴制作的思维导图（1）

李静娴通过对购买衣服这个行为进行溯源，成功列出了一些副业项目。但是在综合自身的时间和精力以后，她认为这些副业并不是十分适合自己。此时，朋友发现她在制作思维导图时，在"物品"那一栏后面没有列出副业项目，所以建议她再仔细思考一遍，是否还有一些副业项目可以被列出来。于是，她又单独为"物品"制作了新的思维导图，如图 3-3 所示。

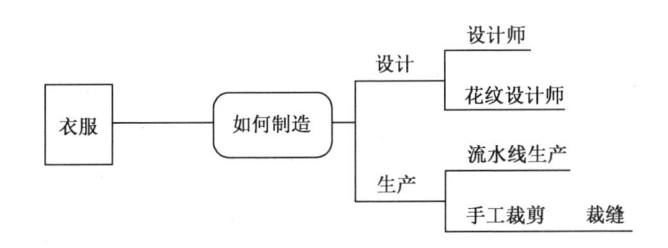

```
衣服 —— 如何制造 ┬── 设计 ┬── 设计师
                │        └── 花纹设计师
                └── 生产 ┬── 流水线生产
                         └── 手工裁剪 —— 裁缝
```

图 3-3　李静娴制作的思维导图（2）

通过新的思维导图，李静娴发现了自己最为感兴趣的副业——花纹设计师。她想到自己有一定的手绘基础，而且平时也很喜欢研究衣服上的各种花纹。更重要的是，这项副业并不需要她前往某个固定场所工作，在时间安排和精力占用上都极为合适。因此，李静娴报名了专业的花纹设计课程培训班，通过努力最终获得了证书，也顺利接下了设计公司以及布料公司的订单，可谓是成功地开展了自己的副业。

由此可见，制作正确的思维导图能够帮助人们厘清思路。当某人想要发展一项与兴趣相关的副业却不知道应该从何下手时，可以借鉴李静娴的办法列出一张或者多张思维导图。这样可以全方位了解自己的兴趣，以及与兴趣相关的副业，从而根据自身条件和外部条件来确定自己能够从事哪项副业。

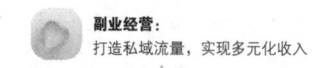

3.1.3 从榜样身上挖掘副业项目

很多人在生活中都曾经拥有或依旧拥有一个乃至多个榜样，榜样不仅能够使人们获得精神上的慰藉，更能够切实影响人们的成长。不同于娱乐明星，榜样是人们想要并且希望通过努力奋斗而成为的人。因此，在选择副业时，我们可以从榜样身上挖掘副业项目，其中最关键的一点是对其经历进行全方位的剖析，如图 3-4 所示。

1. 榜样从事过的职业

2. 榜样曾经做过的事情

3. 榜样的身份标签

4. 榜样的生活状态

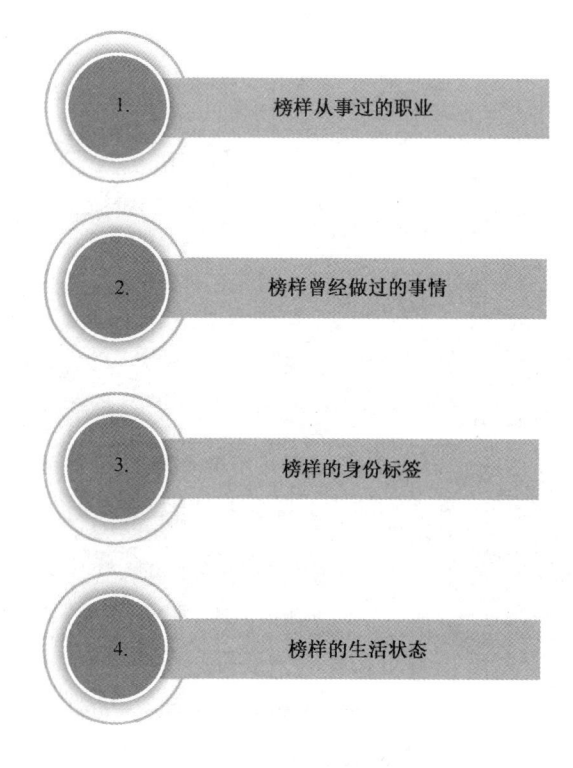

图 3-4　全方位剖析榜样的经历

1. 榜样从事过的职业

了解榜样从事过的职业是帮助人们选择副业的一个比较直观的方法。想要成为榜样那样的人，可以尝试着做一些他们曾经做过的工作，切身体会他们在做这项工作时的感受和心理变化。这对于之后自己经营副业有极为重要的参考价值。

2. 榜样曾经做过的事情

榜样之所以能够获得成功，多数是因为他们不甘于按部就班，在做某些事情时更喜欢另辟蹊径、开创新的道路。在了解榜样曾经做过的某些事情以后，副业经营者可以结合他们在做这些事情时的心路历程，学习他们的拼搏、奋斗精神等。这样做能够对副业经营起到一定的指导作用，能使副业发展得更加长远。

3. 榜样的身份标签

分析榜样的身份标签可以指导人们选择自己所要从事的副业。例如，榜样的身份标签是"自媒体人"，那么在选择副业时就可以向自媒体这一领域靠拢，并且可以为自己定下一个目标：在这个领域做到与榜样相同的成就。拥有清晰的目标能够帮助人们在发展副业时更有针对性，经营的过程也会更轻松、愉快。

4. 榜样的生活状态

将榜样的生活状态作为自己奋斗的目标也能够促使人们更努力。例如，在一家私立中学担任英语教师的刘静就一度陷入了苦恼中。毕业以后，她本来想要出国留学，不过由于经济原因最终未能如愿。

虽然刘静已经毕业两年了，但是她依然抱有出国留学的梦想。后来与自己的朋友闲谈时，她了解了新东方创始人俞敏洪的故事。原来，俞敏洪也曾经因为经济原因无法出国留学，但是他并没有就此气馁，而是开设了自己的英语培训班从而赚取出国留学的经费。在这个过程中，俞敏洪看到了英语培训班的商机，并创立了新东方。

刘静被俞敏洪的故事打动了，并将俞敏洪作为自己的榜样。因此在业余时间，她开始做线上英语教学，同时开设了与英语教学相关的微信公众号。在刘静的努力经营下，她的学生越来越多，她也通过副业攒下了出国留学的经费。

由此可见，在经营副业时，确立一个正确的榜样，并从榜样身上挖掘出一项副业项目是非常必要的。榜样能够激发人们的斗志，让人们保持高度的热情和积极性。在榜样的指引下，副业经营的道路会更加顺利。如果遇到了困难，榜样就可以带给人们力量，帮助人们走向成功。

3.1.4 霍兰德职业兴趣测评

在为他人做职业指导以及职业心理分析时，美国约翰·霍普金斯大学心理学教授、美国著名的职业指导专家霍兰德总结出了一份职业类型参考方案，该方案后来发展为霍兰德职业兴趣测评。在霍兰德职业兴趣测评中，人们可以通过对兴趣、偏好、技能等因素进行剖析，来确认真正适合自己的职业。

霍兰德认为，兴趣是选择职业的一个首要因素，这一点笔者也非常认同。众所周知，兴趣是多种多样的。根据兴趣的不同，霍兰德职业兴趣测评将人分为六种不同的类型，这六种类型的人分别有适合自己的职业，如图3-5所示。

1. 艺术型

艺术型的人更有创造力，乐于创新，追求与众不同，经常能够在日常生活中表现出自己独特的个性。这种类型的人相比理性思考的人更注重感性表达，同时也拥有一定的艺术细胞，因此比较适合从事注重创造力、艺术表达、审美等相关技能的职业，如设计师、画家等。

图 3-5 六种类型的人（霍兰德职业兴趣测评）

2. 社会型

社会型的人乐于与他人交往，并且非常喜欢热心地帮助他人，对一些热点问题相当关注，渴望自己能够在社会生活中发挥作用。此外，广泛的人际关系使他们在做事时更能得心应手，所以这种类型的人不妨考虑从事一些需要与他人打交道的职业，如培训师、社区志愿者等。

3. 权威型

权威型的人更追求专业，有一定的领导才能，同时也敢于冒险，有着远大的事业抱负。在做事时，他们非常注重实际，更习惯以利益和效能来衡量价值。为了能够发挥自己的领导力，使自己的事业抱负得以施展，他们往往更偏向于商业化或政治类的职业，如法官、律师、咨询顾问等。

4. 传统型

传统型的人喜欢遵循规则，按照原有的制度做事。相比领导别人，他们更习惯被别人领导，而且不愿意参与竞争。由于传统型的人拥有比较强的执行力，做事也更有条理，因此一些有着特定要求的职业对于他

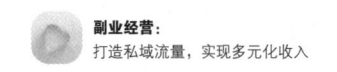

们来说是手到拈来，如秘书、档案管理员、记事员等。

5. 现实型

现实型的人动手能力更强，可以熟练使用各种工具来完成任务。但相对来讲，他们不善于表达，行事风格比较保守。相比团队合作，他们更喜欢独自完成工作。因此，现实型的人可以选择一些需要操作工具才能够完成的职业，如摄影师、建筑工人、木匠等。

6. 研究型

研究型的人更注重脑力劳动，具有比较强的抽象思维能力，喜欢探索高深的问题。因为他们不愿意领导别人，也不希望受到别人的干扰，所以能够独立进行、富有创造性和深度的职业才是最适合他们的，如科研人员、工程师等。

在霍兰德职业兴趣测评的基础上，霍兰德还编纂了"职业代码词典"，该词典为不同类型的人规划出了广泛的职业发展前景。通过霍兰德职业兴趣测评和"职业代码词典"，想要发展副业的人可以快速找到自己的兴趣，并迅速做出科学、合理的选择。

3.1.5　如何通过兴趣赚取副业的"第一桶金"

对于很多副业经营者来说，从兴趣出发来选择副业是最为理想的做法。然而，想要通过兴趣赚取副业的"第一桶金"还需要在各个方面进行规划，具体操作步骤如图 3-6 所示。

1. 确定兴趣的类型

不同类型的兴趣往往对应着不同的发展方向。因此，如果想通过兴趣赚取副业的"第一桶金"，那就需要副业经营者先确定兴趣的所属类型。无论是什么类型的兴趣,都会有与之相匹配的副业。当确定了自己的兴趣和与之相匹配的副业之后,收益自然而然就会来了。

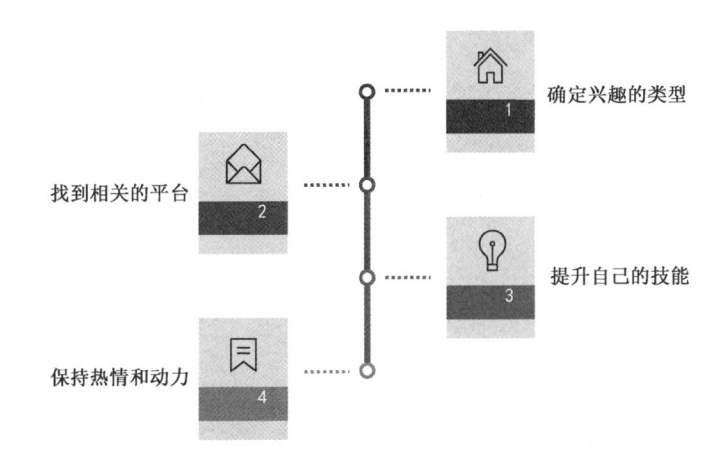

图 3-6　通过兴趣赚取副业"第一桶金"的步骤

2. 找到相关的平台

在确定了兴趣的类型以后,副业经营者就可以根据自己的兴趣找到适合发展副业的相关平台了。举例来说,如果你的兴趣是写作,那么不妨找几个可以发表文章的平台,将自己的文章发表出去,让更多的人看到。一些小众化的兴趣也许只能匹配极少数的平台,此时我们就需要不断提升自己的综合实力,将兴趣培养得更成熟,这样也更有利于个人魅力的展现。

3. 提升自己的技能

如果决定以兴趣为主发展副业,那么副业经营者就必须提高自己的技能,等自己的技能可以达到该副业的基础入门标准以后,再正式地迈出第一步。此外,副业经营者还应该以更加专业和严谨的态度去对待兴趣,获取与兴趣相关的技能,进而使自己更快进入状态。

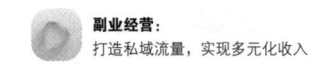

4. 保持热情和动力

当正式经营副业以后，需要时刻保持自己的热情和动力。在很多情况下，副业在一开始可能不会获得成功。因此，即使在发展的初期遭遇了挫折，我们仍然要把对兴趣的热情和动力转移到副业上，使副业得到更好的经营，这样成功也会更早到来。

张志伟是一个公司的白领，他非常喜欢旅游。在周末时，他会驾车进行短途旅游；在小长假或者年假时，他会乘坐飞机进行国内长途旅游以及境外旅游。对于张志伟来说，目前的收入足以支持他进行旅游。不过，除日常花销和旅游经费外，他通常不会有多余的积蓄。他的父母也经常劝说他，应该攒下更多的积蓄以应对意外事件的发生。

虽然张志伟认为父母的话不无道理，但是主业和旅游已经占据了他大量的时间，想要再发展副业十分困难。然而，张志伟在某次浏览视频网站时忽然发现了许多拍摄精美的旅游 Vlog。通过与发布者进行深入的交流和沟通，他发现自己也可以通过旅游来赚钱。

其实不只是拍摄旅游 Vlog，在各大旅游平台上发布自己的游记和攻略同样也能够获得一定的收入。如果发布的游记和攻略可以为他人提供帮助，就能够受到额外的打赏。对于张志伟而言，拍摄旅游 Vlog 所需要的器材费用则是一笔不小的开支，而撰写游记和攻略的成本相对比较低，他决定尝试一下。

于是，在之后的旅途中，张志伟都会认真记录每一个景点的特殊之处、当地的特色美食、交通情况等。在旅游结束时，他会将自己的笔记整理成一篇完整的游记和一份实用的攻略发表在各大旅游平台上。

最初，张志伟的游记和攻略并没有获得非常高的关注度。然而随着不断地写作，他的文笔变得越来越好，内容也越来越有条理。在坚持了一段时间以后,张志伟收获了一批粉丝,并成功接到了广告拍摄的工作,他也因此获得了自己在该副业上的"第一桶金"。

实际上,想要通过兴趣赚取副业的"第一桶金"并不难。关键在于副业经营者要确定兴趣的类型,并对相关行业进行分析,找到最适合自己的平台去努力经营。如果做到了这些,兴趣就能够在为副业经营者带来快乐的同时也带来金钱上的收益。

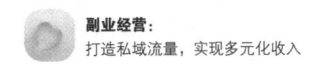

3.2 分析副业的可行性

如果已经确定了某一项副业,那么先不要急着去经营,而是要从副业的难度和自己的胜任度这两个方面来对其可行性进行全面的分析。分析副业的可行性将能够帮助副业经营者选择真正适合自己的副业,也能够为副业经营者建设一个良好的发展环境。

3.2.1 分析副业的难度

在分析副业的可行性时,第一步是分析副业的难度。不同的副业需要投入不同的成本和资源,因此会有不同的难度。有些副业对于前期投入的要求比较高,后期回报也更丰厚;而另一部分副业前期不需要有过多的投入即可获得相应的回报。

分析副业的难度有助于副业经营者最终确认自己是否要经营该副业,并对经营该副业的投入有一定的心理准备。要想精准分析副业的难度,需要从多个方面入手,如图 3-7 所示。

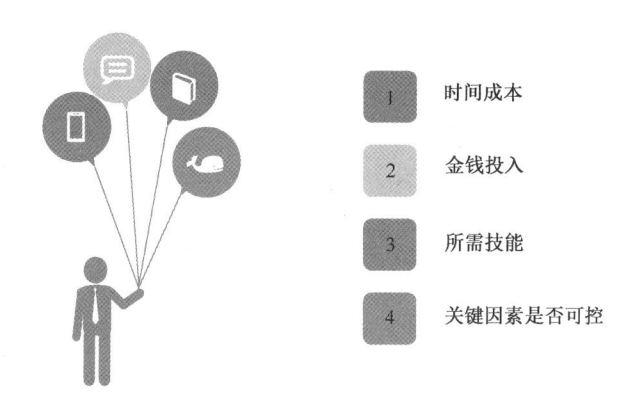

图 3-7　副业的难度

1. 时间成本

时间成本分为两个部分：一是从零开始到能够经营副业所需要的学习时间成本；二是在经营副业时每天需要的投入时间成本。例如，对新媒体并不了解的人想要将新媒体营销作为自己的副业，那么就需要学习相关课程，其学习时间成本可能是几个月的时间；如果一个 IT 从业者想要在业余时间进行网络外包，那么其学习时间成本则基本为零。在对这两项时间成本进行分析以后，副业经营者可以根据自己的时间和精力来确定副业的方向。

2. 金钱投入

金钱投入是指为副业投入的所有资金。假如想要发展某项技术型副业却不具备相关知识时，在前期报名参加培训课程的费用即是金钱投入。同时，摄影这个类型的副业对于器材有比较高的要求，而购买器材所花费的资金也属于金钱投入。

在分析副业的难度时，金钱投入亦是一项重要的指标。在了解了副业的金钱投入以后，副业经营者可以根据其经济状况和发展规划来判断自己是否要正式发展该副业。

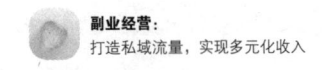

3. 所需技能

经营副业往往需要副业经营者具有某个方面的技能，例如，经营直播、社交电商等副业，需要具有出色的社交技能；而经营写作、绘画等副业，则需要具有一定的文笔和审美情趣。了解一项副业所需要的技能可以帮助副业经营者重新审视自己，提升个人价值。

4. 关键因素是否可控

不同副业在经营时往往会受到不同关键因素的影响，而这些关键因素是否能够被人力控制，对于副业经营者来说十分重要。例如，社交电商的关键因素是产品选择、折扣力度、剧本设计等，这些关键因素都是可控的。因此，只要副业经营者将其牢牢把握住，就很容易取得成功。如果通过分析知道副业的一些关键因素不可控，那么副业经营者就需要及时调整心态来应对可能出现的突发情况。

分析副业的难度可以帮助副业经营者做出更正确的决定，同时，也能够让副业经营者了解自己和副业的真实情况。副业经营者可以通过以上几个方面来预估经营副业时可能发生的风险，从而更安全地发展副业，避免自己遭受不必要的损失。

3.2.2　分析自己的胜任度

除了对副业的难度进行分析，也需要对自己的胜任度有一个正确的认知。了解了自己的胜任度以后，可以确认自己是否适合从事某一项副业。如果并不适合从事已经选择好了的副业，那么必须及时停止，去寻找一项与自己更加匹配的副业。

在分析自己的胜任度时，可以从以下五个要素入手，如图3-8所示。

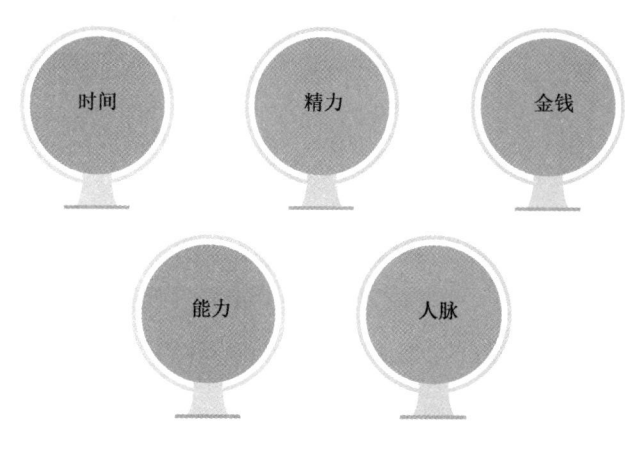

图 3-8　胜任度的五个要素

1. 时间

首先要对经营某项副业所需要花费的时间与自己的业余时间来做对比，从而确定自己是否可以经营好这项副业。副业虽然只是主业之外的工作，但是任何工作都需要全身心的投入才能够顺利完成。因此，最好等到时间充裕时再去经营副业。

2. 精力

不论是主业还是副业，充沛的精力都能够帮助经营者更高效地完成工作。反之，当精力不足以支撑两份工作却还要继续坚持时，那么除副业外，主业也会受到影响，从而为自己的生活带来更大的损失。因此，在发展副业之前，必须确认自己能够保持充沛的精力来应对多份工作，否则就要调整自己的作息习惯，待到精力充沛时再开始做副业。

3. 金钱

前面已经说过，经营副业也需要投入相当数量的金钱。在确定了副业的方向以后，必须对自己的经济实力进行分析。如果你的经济实力比较差，却固执地想要去经营一项成本非常高的副业，那么将很难取得成

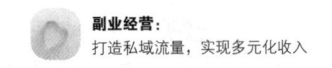

功。我们需要在保证自己能够通过副业赚回成本的前提下去发展副业，这样才会有较高的胜任度。

4. 能力

经营一项副业需要相应的能力，这就要求我们在发展副业之前，一定要审视自己的能力。如果能力不达标，那么胜任度就会比较低。在这种情况下，即使开始经营副业，也无法获得丰厚的收益。如果想摆脱现状，就需要系统地提升自身的能力。

5. 人脉

代购、微商等类型的副业在起步时往往需要强大的人脉。例如，很多人在刚开始销售产品时，通常是将产品销售给已经和自己建立了信任关系的亲朋好友，然后通过亲朋好友的宣传将圈子进一步扩大。由此可见，人脉也是衡量胜任度的一个必不可少的要素。

按照以上五个要素对自己进行分析以后，就会知道自己是否可以胜任已经选择好的某项副业。此外，我们还可以使用一种比较简单的方法来分析胜任度，即找到一个副业做得比较好的人，评估自己和他（她）的差距，推断自己在一定时间内可不可以做到他（她）的成绩。如果可以，就说明胜任度较高，那么就应该放手去经营自己的副业。

3.3 兴趣变现：把兴趣变成副业

赚钱并不是一件难以启齿的事情，而是市场、社会认可的。当有了足够的钱以后，我们可以做更多自己喜欢的事情，也可以更好地回馈社会。现在很多人都在依靠做副业赚钱，不过要想使其变得轻松，那就需要将自己的兴趣考虑进去。

那么，我们应该怎样通过兴趣变现，让自己赚到实实在在的money（钱）呢。首先要不断提高自己的能力，让产品或服务更好；其次要考虑用户的需求，坚持创新；最后还要找准时机，选择一个合适的时间去开展自己的副业。

3.3.1 如何变现：真正看到结果

谈到吴晓波，我们应该并不陌生。他之前是一位财经记者，后来又基于自己的特长和兴趣做起了自媒体。在变现方面，他可谓是一个不得不提的代表性人物。曾经，就在他刚刚宣布要开始卖酒的 33 个小时以后，限量 5000 瓶的"吴酒"便销售一空。接着又是限时销售，这次是

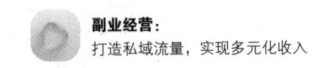

副业经营：
打造私域流量，实现多元化收入

用 72 个小时卖出了 3.3 万瓶"吴酒"。

这两次成功的尝试为"吴酒"打出了"情怀""粉丝经济"等名号，而吴晓波也因此实现了变现，获得了丰厚的收益。另外，吴晓波还推出了一款用于日常销售的简单包装版"吴酒"，售价为 159 元每瓶。该商品在酒仙网、本来生活网等电商平台都可以买到。

"吴酒"第三次成功的尝试是制订了"杨梅树认养计划"，该计划的主要内容是：只要是"认养"了杨梅树的消费者，就可以获得定制版的杨梅酒、纪念品、优惠特权等，而且还能得到"吴酒"的销售盈利。从根本上来说，"吴酒"其实是在发展社群，即把那些具有美好憧憬的人们凝聚起来，为其提供一些优质的产品，从而挖掘出社群经济背后的价值。

社群经济和粉丝经济有很大的不同。粉丝经济非常容易受其他事物的影响，可以来得很快，同时也可以去得很快。而在社群经济下，如果想把自己的事业长久维持下去，就必须为一些理性的粉丝提供符合需求的产品。

在吴晓波销售的产品中，有很多元素都是在与粉丝互动的过程中产生的。销售还有重要的一点就是切忌同质化，应该根据自己粉丝的实际情况提供有差别的产品。例如，你想销售一件衣服，就应该用和其他人不一样的方式，如可以讲述一个不一样的故事。

对于"吴酒"的成功，很多人可能认为是因为吴晓波以及他的"吴晓波频道"具有非常大的影响力，这当然是毋庸置疑的。不过，他们还漏掉了更重要的原因，那就是"吴酒"的精准定位（"轻奢"）以及合适的消费环境（基于"个人"的消费环境）。

在最开始时，"吴酒"是因为吴晓波的兴趣才出现的。如今，"吴酒"

不断发展壮大，已经成为一个独立的品牌了。为了更好地变现，吴晓波成立了一个专门经营"吴酒"的公司，未来还会把"吴酒"的产业链向更深的层次延伸。

在公司发展的过程中，吴晓波发现把电商做好并不是一件简单的事情，不同的行业、不同的产品都存在着不同的特征。所以，他建立了自己的电商平台，然后与一些比较有保障的品牌合作，由其提供价格合适的优质产品。

现在，副业领域处于一个越来越拥挤的状态，副业经营者想要从中得到红利也变得越来越难了。对于副业经营者来说，如果不能像吴晓波那样推陈出新，那么可能无法很快取得成功。不过，副业的种类不断增多，盈利模式变得更加多样化，这也为副业经营者创造了绝佳的机会。

如果抓住了机会，副业经营者就可以分得自己的红利。例如，内容收费出现了就发展内容收费、会员收费出现了就发展会员收费、社交电商出现了就发展社交电商收费。总之，我们尽量不要放过任何一个可以正当赚取收益的方式。

3.3.2 踩准点：40 岁医生做主播

刚刚进入直播间，就看到一位中年男士正在头头是道地向粉丝介绍他手中的寄居蟹。但是你可能想不到，这位中年男士曾经是一位三甲医院的医生，今年已经 40 岁了。在很多人的印象中，主播通常是具有靓丽外表的年轻人，他们能够在短短几分钟内迅速抓住粉丝的心，让粉丝心甘情愿地为产品买单；医生则更多的是穿着白大褂坐在诊疗室里，或拿着手术刀忙碌在手术室里。然而，邓先生曾经是一名医生，现在又是一名主播，他将这两个职业完美地结合了起来。

副业经营：
打造私域流量，实现多元化收入

邓先生毕业于某医科大学，自从毕业后就一直在一家三甲医院做医生，由于医术精湛，他的月薪在当时能够达到两万多元。可以说，他的职场道路是十分平稳顺畅的。然而，随着互联网的兴起，各种新兴职业也在市场上悄然"萌芽"。两年前，邓先生第一次有了辞职的打算。

对于邓先生来说，直播是一个充满新鲜感，又有些陌生的行业，但是这并不能打消他对这个行业进行探索的念头。在很早之前，邓先生就喜欢在业余时间对寄居蟹等海洋生物进行研究。因此，他决定从自己的兴趣入手，开一家专门销售寄居蟹的线上店铺，并通过直播的方式为不懂如何挑选寄居蟹的顾客提供意见和建议。

直播时，邓先生的介绍十分接地气，语言也浅显直白，因此能够让顾客迅速了解寄居蟹的生活习惯和特性。同时，邓先生也会用一些风趣幽默的话语刺激顾客的购买欲望。例如，在向顾客介绍椰子蟹时，邓先生会说："椰子蟹的寿命非常长，假如能够精心饲养，甚至可以陪伴主人一生，大家可千万不要错过。"

邓先生的直播效果是非常不错的，店铺中大多数的成交量都来自他的推荐。在一些高峰时期，邓先生的直播销售额甚至能够达到每小时1000元左右。饱满的热情和丰富的经验使邓先生在主播这个岗位上风生水起。从开始做主播到现在，已经有两年的时间了，邓先生坦言自己卖出的寄居蟹已经可以"手拉手"绕天津一圈了。

从邓先生的故事中我们可以看到，即使是一项和原本职业没有任何关系的副业，只要能够以饱满的热情去经营、以专业的态度去对待，最终就能取得成功。而在选择副业的过程中，兴趣是最好的老师。副业经营者也无须害怕会走弯路，有时，弯路也是机遇。同时，40岁才从医院辞职变为主播的邓先生也在告诉人们，任何时候发展副业都不算晚，只要踩准点发展副业，最后往往就能够取得不错的成绩。

第 4 章

自媒体运营：开启自媒体副业赚钱之旅

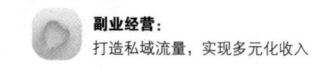

如今，很多投资机构以及平台都为自媒体提供了强大的支持，使得该行业呈现出一片欣欣向荣的景象。坐拥百万名粉丝、获得巨额投资、得到丰厚盈利的自媒体巨头更是不在少数。如此看来，自媒体似乎已经进入了一个繁荣的时代。

在这样的情况下，越来越多的人希望将自媒体作为自己的副业。但是在入局之前，我们首先要了解自媒体的盈利模式，即"内容+平台+变现"模式。这三者相互关联，共同组成了自媒体。因此，只要有高质量的内容和合适的平台，再结合相应的变现模式，就可以开启自己的自媒体副业赚钱之旅了。

4.1 做好自媒体副业的两大要素

如今,我们处在一个信息大爆炸的时代,各种各样的网络事物层出不穷,淘汰速度也是非常之快。所以,如果我们长时间推不出高质量的内容,那肯定会被粉丝抛于脑后。当然,这也体现了做好自媒体副业的两大要素:保证内容质量和坚持持续输出。

从目前的情况来看,自媒体的搭建已进入下半场,每天都会涌现出大量的内容,如果你的内容没有很高的质量,那就很难获得关注和喜爱。此外,保证更新频率则可以使我们在尝试不同发展方向的同时,迅速积累大量数据,从而为之后的工作和运营战略提供依据。

4.1.1 保证内容质量

自媒体领域的竞争看似是在流量上,但其实归根结底,拼的还是内容。内容是自媒体获得成功的关键法宝,谁掌握了内容,谁就可以支配市场。因此,对于想要以自媒体为副业的人来说,保证内容质量非常重要,具体可以从以下几个要点入手,如图 4-1 所示。

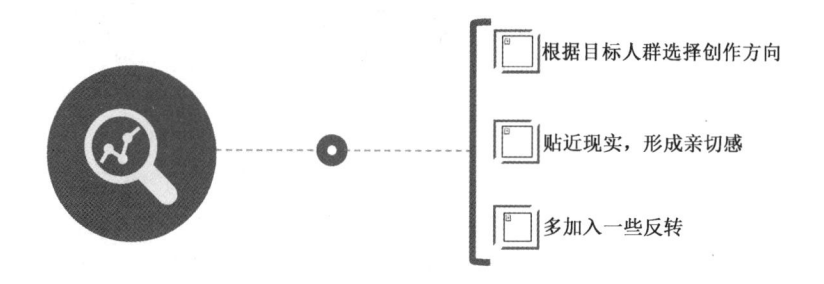

图 4-1　保证内容质量的要点

1. 根据目标人群选择创作方向

在选择创作方向之前，副业经营者应该先对目标人群进行深入的了解。例如，假设你的目标人群是 10～18 岁的孩子，那你就可以围绕他们进行内容的拓展，主要分为以下四个步骤：

第一步是绘制一个九宫格；

第二步是以 10～18 岁的孩子为核心，列出 8 对有效关系；

第三步是将 8 对有效关系放到九宫格中，并分别罗列 8 个常见的、有戏剧冲突的沟通场景；

第四步是以已经形成的 64（8×8）个沟通场景为基础，规划出 3 段对话。例如，在做家务的沟通场景中，就可以规划出拖地对话、洗碗对话、洗衣服对话等。

经历了上述四个步骤以后，创作方向就出现了，像这种把点扩展成面的方法，通常被称为场景扩展法。该方法有利于缓解副业经营者才思枯竭、缺乏创意的现象。

2. 贴近现实，形成亲切感

在生活中，美好的"小确幸"随处可见，而且十分贴近现实。如果以此为素材形成内容，那么就可以让人们感受到温暖，获得亲切感。

"我是赵岩呀"是一个主打生活类内容的自媒体账号，在视频中，无论是妈妈的角色，还是儿子的角色，全部都由主人公自己扮演。甚至连偶尔出现的孙子的角色也由主人公亲自上阵。"我是赵岩呀"通过写实的方法，以嬉笑怒骂的形式，将主人公的生活展现出来，让人看了就忍不住大笑。为了提升竞争力，主人公还将内容分为以下几个系列。

隔代亲系列：从奶奶对孙子和儿子的不同态度着手，通过对比反差来形成笑点。

妈妈唱歌系列：模仿妈妈在家里唱歌的模样，当中还夹杂着一丝丝搞笑。

妈妈与邻居系列：演绎妈妈与邻居谈论家长里短的情景，十分诙谐、幽默。

"我是赵岩呀"的主人公有着极强的表演天赋和模仿能力，将奶奶、妈妈、邻居、儿子等形象展现得活灵活现，并在挖掘生活场景的同时向人们传播快乐和幸福。这样既有利于提升内容的吸引力，又有利于引起人们的深度共鸣。

3. 多加入一些反转

反转可以形成对比，有对比就会有反差，反差就会产生情绪和能量，情绪和能量则可以让人们产生冲动。因此，当内容中有了反转，并激发化学反应时，"笑果"就会产生。

例如，随着羊驼的迅速走红，很多平台上也出现了人与羊驼合影的视频。其实合影本身是一个十分正常的行为，但如果在合影的过程中，羊驼突然吐口水出来，就可以形成反转，从而让人们在感受意外的同时

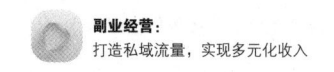

忍俊不禁。

此外，为了防止内容创作出现瓶颈，要保证自己的副业可以持续下去，我们应该建立一个素材库。例如，目标人群一直偏爱搞笑型的内容，但是突然有一天他们觉得搞笑太单调，想要在搞笑的基础上再添加一些悬疑因素。这时，素材库的作用就体现出来了。我们只需要围绕自主的知识体系，再结合素材库，就可以创作出既搞笑又不乏悬疑的内容了。

但是，我们也可能遇到这样的情况：素材库的容量有限，里面没有与所要添加的内容相关的素材。因此，在创建素材库之前，我们必须明确应该搜集哪些方面的素材，这样才可以最大概率地应对每一种可能出现的情况。

4.1.2　坚持持续输出

在刚开始做自媒体时，持续输出是非常重要的，这不仅有利于快速找准定位，还有利于提升粉丝的活跃度。从本质上来说，持续输出的作用是让人们形成真正的习惯。习惯通常不是与生俱来的，会有一个特定的形成机制。持续输出则恰好与这种形成机制相匹配，具体可以从以下几个方面来进行说明。

（1）坚持更新内容可以给人们一定的暗示。例如，一旦内容更新以后，人们就会立刻想要去浏览；或者是在觉得无聊时，人们也会自然而然地去浏览。

（2）保证人们的渴求可以实现。我们最好选择合适的时间更新内容，如下班之后或者晚饭之后，这样有利于让人们养成每天定点来浏览内容的良好习惯。

（3）培养自己的习惯。任何内容都需要一定的创作周期，这就加大了持续输出的难度，所以我们不得不耗费大量的精力和心血。当适应了这样的工作强度以后，创作效率会比之前有所提高，这对于之后的发展和进步非常有利。

"回忆专用小马甲"（以下简称"小马甲"）是微博上一个知名的宠物博主，他的微博大多与萨摩耶"妞妞"和折耳猫"端午"有关。借助"妞妞"和"端午"，"小马甲"获得了非常高的人气。相关数据显示，截至 2020 年 8 月，"小马甲"在微博上已经拥有了超过 4000 万名粉丝，如图 4-2 所示。

图 4-2　"回忆专用小马甲"微博粉丝数

对于没有条件饲养宠物的人来说，"小马甲"这种经常发布宠物照片和宠物故事的博主就是其心灵的寄托。"小马甲"的微博更新比较频繁，有时一天能够达五六条。在积极的输出下，他的粉丝养成了习惯，每天都要去他的微博里了解"妞妞"和"端午"的情况。

等到后期粉丝热情逐渐退去时，"小马甲"又开始在微博上发布一些关于萌宠的视频。这一举动重新引起了粉丝的兴趣，保证了热度。因此，如果想将自媒体作为副业，那么就应该不断创作并输出好的内容，同时还可以通过互动和转发来获得更广泛的关注。

4.2 短视频运营

随着自媒体的日趋火爆，很多人都将其作为副业的第一选择。像罗振宇、吴晓波、徐沪生等都借助自媒体获得了知名度和影响力，并赚了个盆满钵满。现在的自媒体形式多种多样，例如，有专门创作内容的，有专门拍摄短视频的，还有内容和短视频同时涉猎的。

从目前的情况来看，短视频自媒体的受众似乎更广一些。因此，为了提高副业成功的可能性，我们可以将短视频定为发展目标。在确定要发展短视频自媒体以后，我们首先应该做好短视频运营，其中包括诸多要点，如定位、创作优化、剪辑、吸粉、变现等。

4.2.1 定位：清晰垂直

借助短视频自媒体这项副业，有些人被大众所认可和关注、有些人达成了年入百万元的目标，不过，也有些人什么都没有得到。之所以会出现这种情况，主要是因为后者没有选择正确的道路，在定位上出现了问题。

可见，在进行短视频运营之前，必须先做好定位，即在深入分析的基础上锁定专长领域，找到一个正确的发展方向。如果你天生有一副好嗓音，舞姿也十分优美动人，那么就可以创作一些与音乐、跳舞相关的视频；如果你对色彩特别敏感，在服装搭配方面很有心得，那么为广大爱美的女性提供服装搭配方面的建议是一个不错的选择。

"大胃王密子君"是极具代表性的自媒体账号之一，拥有非常雄厚的粉丝基础，已经形成了一个特点鲜明的个人品牌。而该自媒体的运营者密子君也受到了广泛的关注。密子君自己表示，从小她的胃口就比其他小孩子的要大，长大后更是比一般成年人要吃得多。

基于这样的专长，密子君开始拍摄一些吃东西的视频，然后发布到微博、快手、优酷等平台上。再加上她本身具有甜美的外形，自然而然就吸引了众多的粉丝。以快手平台为例，密子君的粉丝数已经突破了560万名，如图4-3所示。

图4-3　密子君的快手账号粉丝数

密子君锁定了胃口大的专长，并在此基础上进行了视频的创作，使自己有了明确的定位。当然，也正是因为有了这样的定位，密子君的事业才可以蒸蒸日上，"大胃王密子君"才可以成为一个带有个人品牌性质的自媒体账号。

"悬疑题"是一个主打悬疑、推理的自媒体账号，其定位抓住了人们崇尚刺激的特点，充分满足了人们的猎奇心理和探索需求。此外，在"悬疑题"视频的最后，都会留下问题供大家讨论，这样不仅可以提升用户活跃度，还可以达到良好的互动效果，如图4-4所示。

图4-4 "悬疑题"视频中的问题

虽然上述两个案例都没有将短视频自媒体当成副业来看待，但是其定位策略值得我们借鉴和学习。短视频运营的关键点是定位，该关键点在很大程度上决定着副业是否可以成功。因此，我们必须对自己的实际情况进行深入的分析，尽快找到可以作为定位的专长。

4.2.2 特色内容：展现自己的优势

抖音、快手、微视等平台火爆起来以后，各式各样的内容也随之"泛滥"。面对如此巨大的"红海"，人们越来越喜欢兼具个性与趣味、可以展现优势的特色内容。而且纵观那些"大红大紫"的短视频自媒体，基本上都符合这样的标准。

对于想要经营短视频自媒体的人来说，特色内容不仅可以给人们留下更加深刻的印象，还可以为自己树立良好的口碑。"百马推理"是一个比较受欢迎的短视频自媒体账号，拥有上万名粉丝，因为其内容充分展现了自己的优势。

如今，主打推理类内容的短视频自媒体虽然不多，但也不是没有，所以"百马推理"在这个领域不能算是唯一的。不过，要是说起将推理与动画相结合的短视频自媒体，那"百马推理"可谓是独树一帜。

在一些平台上，比较主流的推理类内容基本上都由真人出演，而"百马推理"则反其道而行，选择用动画的方式来讲述故事（如图4-5所示）。这样不仅彰显了个性，还因为风格独特而吸引了一大批粉丝的支持和喜爱。

"百马推理"还有很多其他方面的优势。首先，画风夸张搞怪，所以某个角色一出现就会让人们忍俊不禁；其次，旁白诙谐幽默，可以把一个带有恐怖色彩的故事讲得丝丝入扣，又不会让人们感到害怕；最后，自带悬念，每个视频的最后不是出现真相，而是展示"结局见下期视频"几个大字，无疑吊足了人们的"胃口"。

最近比较受关注的"手工耿"便凭借各种出人意料的奇葩手工视频吸引了大量的粉丝。其运营者耿哥更是被人们戏称为"保定爱迪生""发明界的泥石流""快手界的爱迪生""国产凌凌漆"等。

图 4-5　用动画的方式来讲述故事

　　依靠"坚决不发明有用东西"的人设，耿哥逐渐形成了自己的一套独特风格。如今，他发明的"脑瓜嘣辅助器""菜刀梳子""巨型灭瓜拍""铁飞机""菜刀手机壳""钢铁拨浪鼓"等物美价廉的东西已经被他的粉丝频频点名，纷纷要求预定。

　　一个有吸引力和价值高的短视频自媒体，输出的内容通常都比较有特色。这样的内容更容易抓住人们的目光，获得人们的赞赏。另外，个性与趣味也是内容质量的强大保障，有助于进一步提升副业的经营效果。

4.2.3 创作优化：原创+热点

从根本上来说，短视频自媒体的竞争以内容为核心，所以要想把这项副业经营好，那就必须围绕原创和热点来进行优化。

1. 原创

如果要输出原创的内容，就需要围绕自己的定位来进行构思。构思可以扩散到各个方面，如生活日常、兴趣特长、视频翻拍、颜值身材等。起初，由于经费有限，很多人都是自己构思原创的内容。但是随着收益的不断增多，以及知名度和影响力的提升，就可以组建团队进行头脑风暴，让团队成员来提供好的创意和想法。

"papi 酱"的内容基本上都是原创的，而且非常有特点。首先，它聚焦了当下人们最关心的事件；其次，它融入了日常生活中的现实情景；最后，它对"吐槽"点进行深入挖掘，为人们营造极具个性的"吐槽"体验。

虽然"吐槽"和"幽默"是"papi 酱"的重要标签，但她并没有为了"吐槽"而"吐槽"，也没有强行加入幽默的元素。"papi 酱"一直都希望通过原创的内容来表达很多人想说却无法说出口的心声。对于当下很多年轻人来说，这无疑具有直击内心、醍醐灌顶的作用。

2. 热点

不得不说，现在每一个热点都包含着巨大的流量，可以吸引更多的关注。这也就意味着，如果将热点融入内容里面，那么将产生意想不到的效果，为其带来前所未有的曝光量。那么，我们应该如何将热点融入内容里面呢？

最关键的是多关注一些可以展现热点的平台，包括百度、微博、知乎、今日头条等。此外，还需要做好热点的选择，例如，选择有价值、有传播性，可以快速在人们之间造成影响的热点。当选择好热点以后，我们应该对其进行深入的挖掘，探索其背后的价值。

总之，夹杂着热点的、原创的内容已经被越来越多的人所喜欢，我们应该重视这一点。落实到实际操作上，我们应该在掌握热点的基础上进行创作。同时，我们也应该运用发散思维，不断创新，以另辟蹊径的方式让人们感受新颖，从而更好地激发共鸣感。

4.2.4 拍摄：视频质量把控

在信息大爆炸的时代，要想让自己的视频被更多的人看到，就必须关注视频质量的把控。而要想把控好视频质量，就必须掌握一些与拍摄有关的知识和技巧。

1. 理清拍摄的景别

由于镜头与被拍摄物体间的距离不同，使被拍摄物体在视频中呈现的影像有很大的区别，于是便形成了景别。最常见的景别一共有以下6种，如图4-6所示。

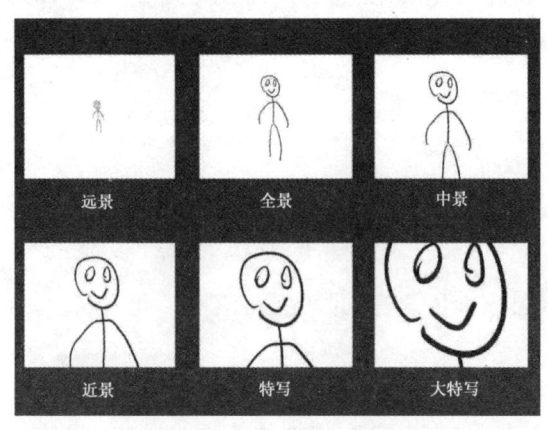

图 4-6 最常见的 6 种景别

在拍摄时，一个专业的拍摄者会交替使用不同的景别，从而引起观看者不同的心理反应，展示不同的节奏。将这些景别组合在一起会产生奇妙的化学反应。例如，网上有这样一个视频：开头是近景，展现了一个正准备把篮球投射出去的人，如图4-7所示；之后镜头逐渐转换，开始变成远景，如图4-8所示；最终定格在篮筐的位置，给了"进球"一个特写。

图 4-7　开头的近景　　　　图 4-8　之后的远景

这种拍摄方法可以使表达结果更有力，也提升了视频的可观性和吸引力。因此，在拍摄视频之前，我们必须理清景别，明确各个景别的先后顺序。

2. 通过转场让视频更炫酷

对转场的处理是否到位会影响视频的质量。转场通常可以分成静态转场和动态转场。其中，静态转场注重参照物的不变性，动态转场则注重动作和场景的连贯性。以动态转场为例，如果第一个场景你正在做起立的动作，刚做到一半就按了暂停，那第二个场景需要你从刚刚暂停的地方继续完成起立的动作。

一般来说，转场的方式有三种：第一，人物不动，设备拍摄的方向

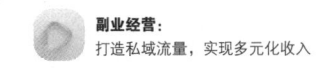

连贯；第二，设备不动，人物的动作连贯；第三，人物和设备都动，前后连贯。在实际操作时，我们可以针对一些优秀的视频进行模仿和练习，并用自己的发散思维打造出更多炫酷的玩法。

3. 善于使用运镜

相对来说，运镜是一种难度比较高的技术流拍摄方法。要掌握这种拍摄方法，需要注意以下几个方面的内容。

（1）选择合适的环境。相关实验证明，洗手间是一个最容易出现拍摄效果的环境，因为门框和洗手台之间的距离非常近。我们可以让门框挡住镜头，然后进行适当的翻转。

（2）如果有背景音乐，那么运镜必须与其节奏相契合。我们可以用手指挥着镜头，手往哪个方向去，镜头就要跟着往哪个方向指。如果使用快速或者极快的模式，我们需要让背景音乐慢下来，认真听节奏，然后将自己的动作放慢，将手放稳，镜头不可以乱晃。另外，如果背景音乐的节奏比较弱，那我们必须让镜头跟着手的指示不断移动。

当然，我们也可以在一些平台上搜索运镜的教程，通过这些教程完成辅助学习也是一个高效并且直接的方法。

4. 适当加入特效，增强吸引力

在视频中加入特效可以让视频变得更高级。一般来说，在不同的平台使用特效会有不同的步骤，下面以快手平台为例进行说明。

第一步，打开快手App，点击右上角的"拍摄"图标，开始进行视频的拍摄。

第二步，完成视频的拍摄以后，点击"下一步"按钮，就会出现一个带有"特效"功能的页面,如图4-9所示。

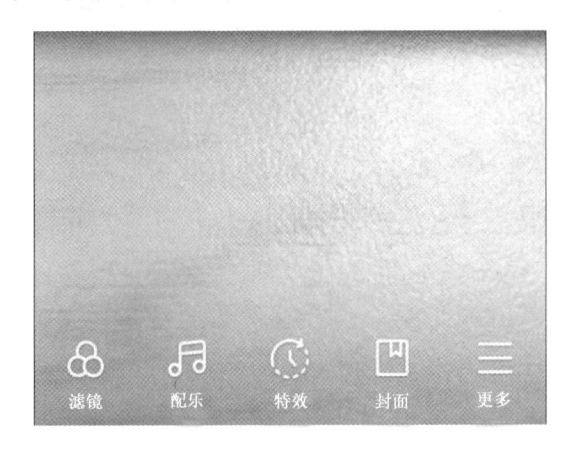

图4-9 带有"特效"功能的页面

第三步,点击"特效"功能图标,进入选择"特效"功能的页面,如图4-10所示。

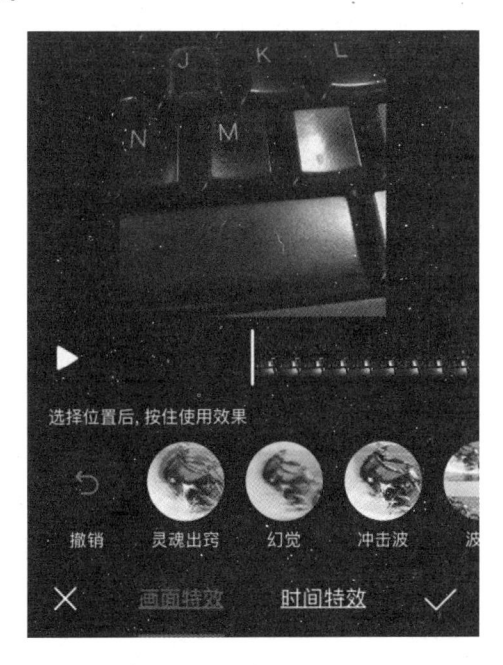

图4-10 选择"特效"功能的页面

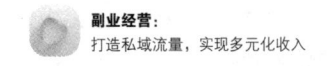

第四步，选择好合适的特效以后，就可以把视频发布出去。但是为了保证视频的质量，我们不要急着发布，而是要对那些需要修改的地方进行优化和微调。

俗话说"工欲善其事，必先利其器"，除了掌握拍摄的知识和技巧，我们也需要购置合适的设备，包括手机、单反/微单相机、摄像机、电脑、补光灯、支架等。

4.2.5 剪辑：突出重点

剪辑可谓是赋予视频"第二次生命"的一个过程，在这个过程中，不同的人往往会有不同的想法和见解。这也就表示，最后的成品会突出哪些方面完全由负责剪辑的人来决定。如果因为经费问题而不得不自己做剪辑，那么就必须对视频想要突出的重点有一定的了解。

视频的重点可以分为两个方面：一是脚本想要表达什么；二是想让观看的人看到什么。其中，脚本的重点是整个视频中最本质的内容，所有的镜头最终都是在为这个重点服务的。通常情况下，脚本的重点会在视频正式拍摄之前就确定下来，而其是否能让人们接受就要由"想让观看的人看到什么"这个方面来决定。

"想让观看的人看到什么"是视频的外部表现，剪辑会对这个方面产生深刻的影响。从本质上来讲，剪辑就是重塑视频的过程。在拍摄时，每一个镜头的转换与场景的凸显都会给人们留下深刻的印象，从而帮助人们理解视频的内涵。而在剪辑时，通过运用成熟的手法可以把视频想要讲述的内容体现出来。

总之，视频的剪辑一定要突出重点，这样才有利于提升视频的质量，优化人们的观看感受。即使视频拍摄时出现了问题，如果剪辑做得好，那最后的成品效果也会不错。以美食制作视频为例，很多账号都是规规矩矩地剪辑做菜步骤，而"懒人美食"则不是这样的。

通过剪辑，"懒人美食"只需要 30 秒钟的时间就能够将一道美食的制作过程完成。该账号对做菜步骤进行了简化处理，希望可以用高效的方法完成一个简单而不简约的美食制作过程。其视频拍摄过程虽然有所保留，但是最后的结果并不逊色。

4.2.6 发布：选择合适的时间

在喜欢观看短视频的人群中，朝九晚五上班且偶尔还会加班的人占了很大一部分。所以我们有必要对这些人进行分析，然后决定发布视频的策略。这些人基本上是互联网的"原住民"，使用手机的习惯几乎一致，而且上班和下班的时间相对统一。

一天中通常有两个比较好的视频发布时间，分别是中午和晚上。在中午 12 点到 14 点之间，人们会利用中午休息的时间浏览手机，观看一些自己喜欢的视频；在晚上 19 点到 21 点之间，人们结束了一天的工作，可以好好休息一下了，观看视频又变成一个缓解压力的途径。

了解了视频发布时间的分布，我们就可以巧妙利用高峰期来获得更多的点赞和评论。虽然中午和晚上都属于高峰期，但是二者带来效果有所不同。我们要想知道真正的效果，必须对人们的浏览习惯进行分析和判定。

一般来说，中午是吃饭和休息的时间，很多人都会借着这个空当去观看一些视频。不过，因为大家下午都还有自己的工作和学习，所以即便是观看视频，也都是草草地一览而过，不会太过入迷。而到了晚上则不一样了，因为大家都已经完成了当天的工作和学习，可以把中午那种

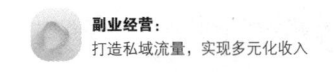

紧绷的神经都舒展开来，这个时间会坐在沙发上或躺在床上认真地观看视频。

由此看来，相比中午，晚上发布视频的效果要好。不过应该注意的是，快手、抖音等平台会有严格的审核机制，所以我们最好保证视频在晚高峰期之前就可以发布完成。一方面，有利于让视频被平台推荐出去；另一方面，这个时间段人们可以集中注意力观看视频。

对于想要或者已经入局短视频自媒体的人来说，在高峰期发布视频就相当于抓住了流量的风口，这是迎合外在环境的重要一步。除此以外，如何在目标群体身上花心思、怎样才能增加视频的点击率和播放量，也是必须考虑的问题。这也就意味着，视频的发布还需要与其他因素搭配进行，这样才可以取得令人满意的效果。

4.2.7 吸粉：多渠道引流

俗话说"打铁还需自身硬"，不过再好的"铁"如果没人赏识也就无法发挥作用。有价值的短视频自媒体会受到粉丝的喜爱和支持。从另一个角度来看，短视频自媒体要想获得长远的发展也离不开粉丝的帮助。因此，我们需要掌握吸粉的技巧，学会多渠道引流。在吸粉和引流的过程中，我们有一些可以利用的渠道，如图4-11所示。

1. 微博

在微博上，很多功能都是一对多的模式，例如，你发布微博以后，粉丝可以对这条微博进行点赞、转发或者评论，最终产生互动。基于微博的这个特点，我们可以开设一个微博账号来传播视频，以取得更好的吸粉与引流的效果。

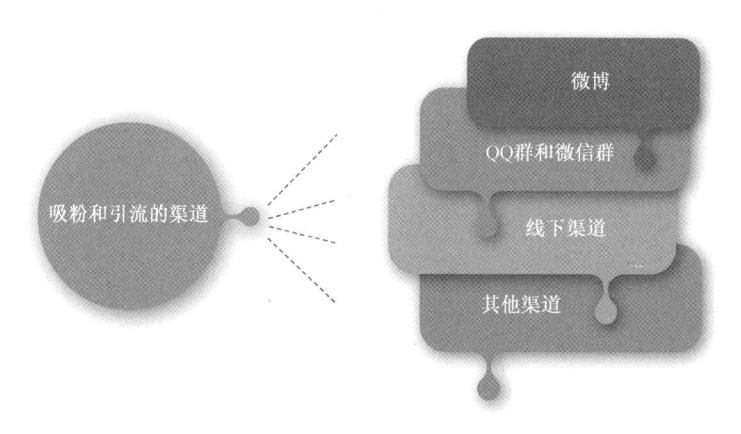

图 4-11　吸粉和引流的渠道

从现阶段来看，很多平台由于自身定位的原因，社交功能似乎不太完善，所以很难让我们和粉丝进行深入的交流。但是，如果拥有了微博账号，就可以把其他平台的粉丝引流到微博，与他们进行更好的互动。此外，在微博上，我们还可以采取转发抽奖、关注有红包等优惠活动来吸引粉丝的加入，从而使他们变得更加活跃。

2. QQ 群和微信群

将粉丝引流到 QQ 群和微信群也是非常不错的做法。作为我国社交领域的两大巨头，QQ 和微信的用户数量不可小觑。如果我们将其利用起来，把粉丝都集结在 QQ 群和微信群里，那肯定会取得很好的效果。

在 QQ 群和微信群刚刚创建起来时，我们应该做一个简单的自我介绍，同时还要时不时"冒个泡"。但是一定不可以发广告，而是要谈论一些大家感兴趣的话题，这样才可以留住更多粉丝。如果 QQ 群和微信群达到了一定规模，我们就可以把那些黏性不强、忠诚度不高的粉丝移出群聊。可以引导剩下的粉丝拉进一些同样高质量的新粉丝，从而使 QQ 群和微信群始终保持较高的用户活跃度。当然，我们还可以不定期

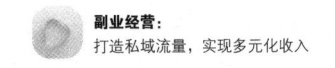

的为粉丝准备一些福利。

3. 线下渠道

如今，微博、QQ 群等线上渠道竞争比较激烈，所以我们不妨考虑一下线下渠道。目前，比较常用的线下渠道有以下三个。

（1）校园。校园里几乎都是年轻人，要想吸引他们的关注，可以根据视频的特点来让他们参与拍摄。此外，很多大学的社团为了能够顺利地进行活动、吸引更多的社员，都需要拉一些赞助和支持。因此，我们也可以采用为社团提供赞助的方式来达到吸粉和引流的目的。

（2）社区。我们首先要对社区的人员构成进行调查，毕竟不同社区的人员有着不同的特点。在具体操作上，我们应该选择一个人员构成与视频目标群体重合度较高的社区来进行引流，这样可以获得更好的效果。另外，我们也可以要求社区的人员关注账号，并为其准备一些与视频相关的小礼物作为其关注之后的赠品。

（3）消费场所。在消费场所引流最好与商家达成合作协议。举例来说，在比较火爆的饭店就餐，人们等待的时间通常会比较长。这时，就可以由商家为等待就餐的人提供二维码，让他们扫描二维码观看视频。为了降低成本，我们也可以在视频中为商家做宣传和推广。

4. 其他渠道

除了上述渠道，音乐平台、视频平台、母婴平台等也可以起到吸粉和引流的作用。然而，不同的平台往往对应着不同的话术。例如，在母婴平台，我们可以使用这样的话术：我有教宝宝说话的视频，这里不支持发送，如果您想了解，可以加我的微信获取，我的微信号是：×××××××。

在经营短视频自媒体一段时间之后，我们会发现自己的人脉将逐渐变广，结识的朋友可以遍布多个领域。此时，我们应该让他们之间发生连接，实现资源的共享和互换。通过此方式，我们可以获得更多的粉丝。就像我们经常说的"朋友多了好办事"，也是这样的道理。

4.2.8 粉丝留存：打造专业性IP

如今，IP已经成为一个流行词汇。这里所说的IP是Internet Protocol的缩写，之前主要指知识产权，现在已经被扩展为一切拥有知名度、具备市场价值的东西。如果我们借助与IP相关的内容来丰富自己的账号，那会使粉丝的黏性进一步增强。

当然，借助已有的IP毕竟不是常事，最保险的做法还是把自己变成一个IP。这样不仅能够留存大量的粉丝，还不需要担心同类视频会对自己形成威胁。要想打造IP，首先应该做的是赋予账号独特性和专业性，使粉丝产生认同感。其次必须保证所有的视频都是原创的，只有原创才是让粉丝不离不弃的不二法门。

经过近几年的发展，"同道大叔"俨然已经成为一个小有名气的IP了，建立起了独具特色的星座文化品牌。其实现在很多账号都有专属于自己的优势，出位的方式也是各种各样。像"papi酱"就依靠吐槽的视频打出了影响力；"会说话的刘二豆"则发布了很多以猫为主角的视频，吸引了众多的粉丝。

为了获得长远的发展，"同道大叔"必须实现向IP的转变，这是摆在他们团队面前唯一的出路。但是对于"同道大叔"而言，如何实现这个转变是一个棘手的问题。对此，他们团队采取了两个层面的措施，具体如下：

（1）将十二星座形象化。为了打造成一个独特的星座 IP，"同道大叔"发挥绘画方面的优势，为每个星座都设计了属于自己的形象，赋予了它们生命，如图 4-12 所示。

图 4-12　"同道大叔"设计的十二星座形象

（2）以前，提到"同道大叔"，人们会不由自主地想到蔡跃栋，这样对于转变 IP 是不利的。所以必须先把蔡跃栋与"同道大叔"分离开来，让人们记住大脑袋头套形象。

通过上述措施，"同道大叔"在 IP 转变方面已经小有建树，并着手向品牌方向进化。例如，打造自营品牌，与其他行业的优秀团队合作，推出《千万不要认识摩羯座》《有我在，没人敢动你一根寒毛！》等书籍，以及《超能星学院》等影视剧。

在经营副业时，虽然我们很难将自己的账号做到与"同道大叔"一样，但是"同道大叔"中的一些价值点和打造 IP 的技巧是可以使用的。为了弥补知名度和影响力方面的短板，我们需要不断刷新存在感，在拥有诸多用户的平台上进行宣传，争取吸引和留存更多的粉丝。

4.2.9　借势运营："他山之石，可以攻玉"

"他山之石，可以攻玉"，学会"借势"可以提高人们对视频的关注度。那么，我们应该如何"借势"呢？可以从以下几个方面入手，如图 4-13 所示。

图 4-13 "借势"的技巧

1. 从"红人"那里蹭粉丝

在短视频自媒体领域,"红人"的影响力非常大。他们拥有一大批粉丝,行为举止会受到粉丝的密切关注。如果我们可以借助"红人"来吸引粉丝,势必会取得不错的效果。

我们可以去"红人"的视频下面评论,这样在蹭粉丝的同时还有机会与"红人"建立联系。而且,当评论达到了一定的次数和频率以后,粉丝还会以打油诗的方式对我们进行调侃,类似"春眠不觉晓,××到处跑"等。

2. 找大咖合拍视频,引起关注

与"红人"相似,大咖也是非常有影响力的一个群体。如果能和他们一起拍摄视频,那么将有利于提升账号的运营效果。在实际操作时,我们需要把握几个要点。第一,注重大咖的形象和声誉,否则会破坏我们在粉丝心中的地位;第二,选择与自身定位相符的大咖,例如,主打美妆类视频的账号就应该与美妆界的大咖合作;第三,拍摄完成之后要@大咖。很多平台都有@的功能,这个功能有利于增加视频的播放量,提高上热门的概率。

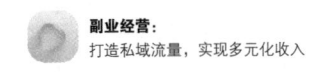

3. 参加平台发起的活动

抖音、快手等平台经常会发起一些活动，这些活动是宣传和推广账号的绝佳途径。李静涵在经营一个快手账号，希望可以利用业余时间赚取一些收益。为了增加浏览量，她参加了"我的美好生活"活动，并在微信公众号上发布了一篇与该活动有关的文章。借助该活动，李静涵的快手账号有了更多的粉丝，她发布的视频也更频繁地被推送到热门。

像一些接地气、国民度高的活动，非常适合经验不太丰富的副业经营者参加。这不仅可以使其获得更广泛的关注，也有利于其与粉丝进行深度互动，建立起更紧密的联系。因此，要想让跨界营销取得更好的效果，我们就必须在考虑自身实际情况前提下，突破老思维，掌握一些新型的技巧和方法。

4.2.10　如何变现："papi 酱"首支广告拍出 2200 万元

在利用短视频自媒体变现的过程中，做广告是不得不提的一个部分。如果能和比较知名的品牌合作，为其推广产品，那么就可以强化粉丝效应，进一步提升自己的变现能力。我们可以通过"papi 酱"来验证这个结论。

在为美即面膜做广告时，"papi 酱"把之前视频里惯用的开头进行了更换。新视频里的开头是两盒美即面膜，而且还加入了"papi 酱"的原声配音"美即面膜，超好用的面膜"。虽然这支广告仅有 10 秒钟，但是获得了大量的关注，以及诸多网友的评论，如图 4-14 所示。

在这支广告发布之前，"papi 酱"还举办了一场广告拍卖会，起拍价为 21.7 万元，每次加价 10 万元。拍卖会刚开始没多久，报价就已经超过了 1000 万元，最终止于 2200 万元。"papi 酱"的首支广告就这样以 2200 万元的高价被"丽人丽妆"摘得。

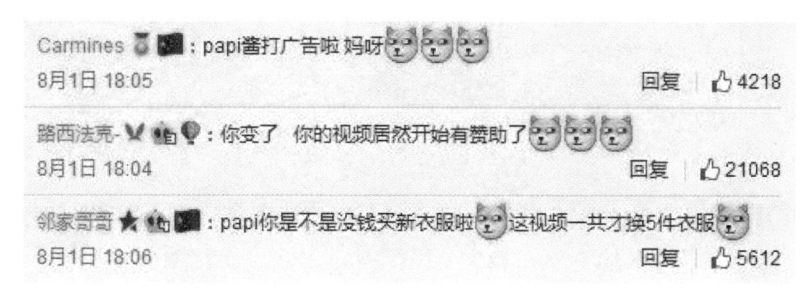

```
Carmines ▢ : papi酱打广告啦 妈呀😺😺😺
8月1日 18:05                          回复  👍 4218

路西法克- ▢ 💡 : 你变了  你的视频居然开始有赞助了😺😺
8月1日 18:04                          回复  👍 21068

邻家哥哥 ★ 🀄 ▢ : papi你是不是没钱买新衣服啦😺这视频一共才换5件衣服😺
8月1日 18:06                          回复  👍 5912
```

图 4-14 （部分）网友对"papi 酱"广告的评论

这场拍卖会也被新媒体界称为"史上第一拍",并引发了社会各界的热议。那么,是什么原因促成这场"史上第一拍"的呢？

我们先说"papi 酱"的个人优势。其实在"papi 酱"之前,大部分短视频自媒体的平台都比较单一,并且需要花费很多时间去经营个人 IP。但是"papi 酱"没有受到平台的限制,她将自己的视频进行多渠道、全平台发布,使个人 IP 最终转化为品牌模式。在这样的策略下,"papi 酱"在半年的时间里就成了网络平台上一个不可多得的"现象级网红"。

再来说说"丽人丽妆"的强大魄力。"丽人丽妆"愿意以 2200 万元的高价竞拍"papi 酱"的首支广告,主要有以下几点原因。

（1）"papi 酱"的粉丝遍布全网,而且很多是来自一二线城市的年轻女性,其整体的文化素养、消费水平都比较高。

（2）通过整合"papi 酱"这种级别的网红所拥有的朋友圈、微博等优质社交资源,"丽人丽妆"可以建立"网红+媒体"的二重模式,从而优化传播效果,提高产品的可信度。

（3）利用"现象级网红"或者大众关注的意见领袖做宣传,再辅以"名人引导+视频广告+流量"方案,"丽人丽妆"能够以最快的速度打通

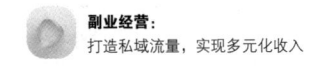

品牌与用户之间的连接。

通过"papi酱"的案例我们可以知道，做广告能够变现，但是一定要足够优秀。一个优秀的广告通常有三大特点：内容实用并且新奇、与视频相互配合、具备一定的故事性。因此，新入局的副业经营者要想获得丰厚的收益，必须多在内容上发力，制作出真正优秀的广告。

4.3 微信公众号运营

作为连接运营者与粉丝、粉丝与粉丝的领先自媒体平台,微信公众号的用户在持续增加。但是不得不说,令人头疼的标题、无从下手的版式安排、逐渐枯竭的创意、层出不穷的热点……这些都是在运营微信公众号时会面临的痛点。

每一个副业经营者都应该扪心自问:"我可以解决上述痛点吗""我真的了解微信公众号吗""我知道什么样的内容才可以获得 10 万次以上的点击率吗""我掌握通过微信公众号获得巨额盈利的技巧吗"等,当这些问题有了答案,就是你入局微信公众号之时。

4.3.1 标题:创作 4 要点

在运营微信公众号时,标题就像鱼饵,读者和粉丝就像鱼。要想让鱼上钩,就得有好的鱼饵。标题是内容的入口,如果入口都没有吸引力,那么就算内容再好也不会让人们有去浏览的冲动和欲望。所以,我们必须从入口就把人们吸引过来。

想要创作一个好的标题，应该从以下 4 个要点着手，如图 4-15 所示。

1　抓住当下的热点

2　设置疑问和悬念

3　加入数字和数据

4　营造紧张情绪

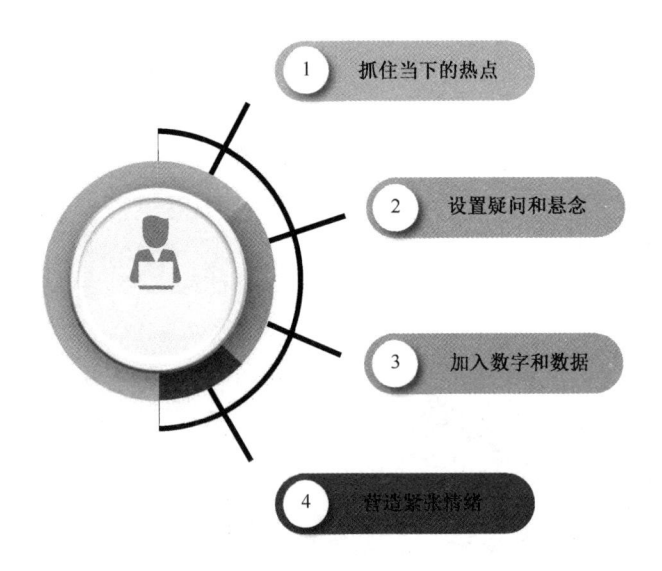

图 4-15　创作标题的 4 个要点

1. 抓住当下的热点

内容的各个方面都离不开热点，标题当然也不例外。如果你的标题体现了当下某一个热点，那么人们将带着跟风和猎奇的心理点进去看一看。

以这两年非常火爆的电视剧《二十不惑》和《三十而已》为例，人们对于相关的话题总是充满了兴趣，抓住这个热点的标题势必可以为内容带来更多的点击。此外，还有一些热门的事件，如双十一、情人节、七夕、购物节、圣诞节等，也是创作标题的素材。

看完《二十不惑》，你了解青春的定义了吗？

从《乘风破浪的姐姐》到《三十而已》，女人应该如何拼搏？

双十一那天你做了什么？

他们在情人节那天秀恩爱,我却要报警。

大家都在过七夕,但是你知道与七夕有关的这些知识吗?

2. 设置疑问和悬念

有疑问和悬念的标题有利于调动人们的好奇心,从而促使人们去点击并浏览内容。对于这方面,我们可以来看几个"大象公会"的标题:

怕上火,难道你就不怕肾衰竭?

学生干部"发迹"指南

明太祖是怎样"升起"的?

互联网上为什么猫比狗更受欢迎?

为什么近几年发现的大钻石那么多?

古代的武状元到底有多厉害?

大象怪谈故事

中国人为什么喜欢嗑瓜子?

大家可以自行感受一下,看到上述标题是不是就想点进去看看内容呢?这就是设置疑问和悬念的作用。因此,在创作标题时,我们要尽量使用问句或者疑问句。

3. 加入数字和数据

数字和数据也是可以引起人们兴趣的方式。加入数字和数据的标题可以让人们更直观地感受内容和主题。例如:

震惊！99%的人都不知道这个东西竟然有这样的作用！

为什么说 73 岁和 84 岁是生命中的坎？

明星在挑选护肤品时最关心这 5 个问题。

4. 营造紧张情绪

紧张是每个人都会有的一种情绪，如果一个标题抓住了这样的情绪，那么肯定会有比较高的点击率和浏览量，例如：

劲爆！生活中常见的这个东西竟然会有如此功效！

天啊，这里竟然发生过这么可怕的事情！

身体出现这 3 种信号的人，你们要多多注意了！

对于以运营微信公众号为副业的人来说，这 4 个创作标题的要点必须掌握。如果再经过实践经验的积累，那么将发展出一种带有自己个性的标题风格。不过，标题毕竟只是一个入口，要想留住更多的人，还得依靠优质的内容。

4.3.2 版式：封面、字体与字号

很多在运营微信公众号的人对文章的版式并不重视，他们觉得要把更多的精力放在做好内容上面。这样的想法是没有问题的，但是大家不要忘记，版式也是一个非常重要的部分，也与内容质量的高低息息相关。试想，一篇仅有文字的文章和一篇版式精美的文章同时放在你的面前，你会更想阅读哪一篇？我相信绝大多数人都会选择后者。

既然版式如此重要，那么应该如何将其做好呢？其实操作比较简单，我们需要从封面、字体与字号等方面入手。

首先来说封面。封面必须与内容相关，要让人们清楚地了解文章所要表达的重点。我们还要注意封面的像素和尺寸，尽量选择清晰并且大小合适的图片。此外，封面不可带有水印，因为这样会拉低文章的质量，影响点击率和阅读量。

接着来说字体与字号。微软雅黑是最常用的一种字体，而且安全性比较高。在同等字号下，微软雅黑字体看起来会比其他字体更大，也更清楚。所以，我们可以优先选择微软雅黑字体。至于字号，只要在12px～16px这个区间就是比较合适的，不过14px会更常用一些。

除封面、字体与字号外，颜色和行距也比较重要。在颜色上，有些微信公众号会有非常严格的要求。例如，为了让人们阅读起来更舒服，使用色值为#b2b2b2的灰色。还有一些红色、黄色等颜色的文字，可以作为标题或者某些内容的分割线。

一般来说，将行距设置为1.5倍是最佳的。有时文章的字数可能比较多，所以出于美观考虑，通常会选择左对齐的形式。而像字数比较少的标题，则更适合居中对齐。当然，类似于"不能有错别字""段落与段落之间有空隙"等众所周知的问题就不再过多赘述。

精美的版式可以为文章锦上添花。当人们的视觉得到满足时，势必会毫不吝啬地为文章贡献出一部分阅读量。如果在版式安排方面没有足够的经验，那么可以借助于一些网站，如135编辑器、秀米、易点微信编辑器、i排版、花瓣网等。

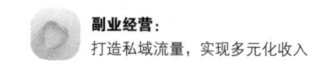

4.3.3 内容：专业性与趣味性

如今，运营微信公众号的门槛虽然一直在提升，但是依然会有一些质量比较低的文章。为了博取众人的眼球，这些文章的创作者只关心浏览量、点击率、阅读量，而不去打磨内容，对内容所要传达的价值观不管不顾。

记得 2020 年 8 月，有一个微信公众号因为某事件被推上了热门，当天的粉丝数就破了百万名。但是过了几天，事件的风头过去以后，其粉丝数就只剩下几万名了。原来，该微信公众号发布的基本上是一些没有价值的内容，这也许就是其大量掉粉的根源所在。

上述例子告诉我们，要想在人们心中留下深刻的印象，还是要依靠高质量的内容。知乎上有一个帖子，主要是让大家说一说自己看过的最有创意的微信公众号内容。当时，排在首位的回复是"天才小熊猫"的微信公众号内容。

"天才小熊猫"凭借专业性与趣味性兼具的内容收获了一大批粉丝，也赚取了比较丰厚的收益。只要是了解"天才小熊猫"的人就会知道，他的内容大多是长文案，而且是"猜中了开头，却猜不到结尾"的长文案。

"天才小熊猫"发布在微信公众号上的文章，内容通常都非常丰富，不仅有故事情节、图片、对话，还有悬念。从整体上来说，他的内容就是让人们在莫名其妙的套路中收获欢笑和快乐。而且他也用事实向我们证明了，好的文案并没有固定的模式。

在"天才小熊猫"的微信公众号上，有一篇名为"千万不要用猫设置手机解锁密码"的文章（如图 4-16 所示），其内容大致是：

没事就不要帮孩子做作业了

原创:天才小熊猫

关于自动洗头机器的研究

如果C罗来中国踢球

原创:天才小熊猫

千万不要用猫设置手机解锁密码

爱情的动力

一次倒霉的经历

一次自制无人机的经历

千万不要得罪流浪猫

原创:天才小熊猫

图4-16 "天才小熊猫"的微信公众号

铲屎官心血来潮,把自家猫的指纹设成了手机的解锁指纹。当天晚上忘记了给这部手机充电,导致第二天只能带着猫去上班。在上班的路上又出现了一系列囧事:先是被拒绝乘坐地铁;后来又遭到了出租车司机的嘲笑;到了公司又成为同事的笑料。这些还不是最悲催的,后来在开会时,他发现与工作相关的 PPT 全在手机里。因此,他只能在众多的同事面前拿出猫爪来解锁自己的手机。

实际上,这是一条为手机做的广告,即便如此,粉丝们在阅读的时候依然陶醉其中。毋庸置疑,这篇文章既幽默、又受到了粉丝的喜爱,

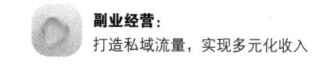

同时为广告商做了广告，可谓是一石三鸟。这样看来，似乎只要"天才小熊猫"动动脑子，就能把产品广告做得非常有吸引力。

可见，好的内容更容易吸引粉丝。因此，我们必须敢于突破和创新，充分打开脑洞，放下自己的身段去创作出真正能娱乐粉丝的优质内容。对于想入局微信公众号的副业经营者来说，要不断钻研，再借鉴"天才小熊猫"内容中的优点，是可以取得成功的。

第 5 章

直播副业：粉丝经济变现迅速

副业经营：
打造私域流量，实现多元化收入

直播之所以成为大家都追捧的副业项目之一，主要是因为粉丝经济的推动。粉丝经济指的是通过粉丝来获取盈利的一种经济模式，在这种模式中，粉丝通常具有一定的购买力，也具有倾诉和学习的需求。当他们发现某个主播和自己有相同的特质或者爱好时，就会视该主播为偶像，同时也会产生想要接近、了解、支持、追随该主播的想法。

借助粉丝经济，做直播副业的人可以很快实现变现，获得比较丰厚的收入。不过前提是要选择正确的直播模式，创作出高质量的内容。此外，有了高质量的内容以后，还需要将其推广出去，并做好引流的相关工作。

5.1 三大直播模式

对于打算进军直播领域的副业经营者来说,最重要的是了解直播的各种模式,其模式包括传统业务直播、泛娱乐直播、垂直领域直播等。在了解了直播的各种模式以后,我们就可以根据自己已经拥有的资源进行选择,接下来只需要大刀阔斧地开展工作即可。

5.1.1 传统业务直播

传统业务直播是相对于今天的泛娱乐直播而言的。关于泛娱乐直播将在下一小节详细介绍,这里便不再赘述。提起传统业务直播,我们首先想到的是新东方和六间房。

1. 新东方

新东方是一家集教育培训、教育产品研发、教育服务等于一体的大型综合性教育科技集团,在行业内占据着重要的地位,发展势头也一直十分强劲。然而,就是这样一个有实力的培训机构,也将目光投向了直播界。经过一番酝酿和打磨之后,新东方的直播课堂闪亮登场。

直播课堂是新东方针对线下教育的限制性而做出的巨大创举，不仅弥补了线下课堂的不足之处，还实现了远程教育。此外，直播课堂一贯以内容为王，坚持让教师和学员进行实时沟通和互动，致力于提升学员的学习效率和学习质量。

在直播课堂初具规模以后，新东方又推出了直播平台——酷学网。这样一款前卫的直播平台，无疑顺应了时代发展的趋势。酷学网支持课程直播，只要你有实力并且具备相关的资质，就能够在该直播平台上申请成为线上教师，这其实已经非常接近线上视频的直播模式了。

2. 六间房

说起传统业务直播，就不得不提到六间房。六间房有一套与众不同的直播模式：以主播为中心，以演播室为单位，以用户、代理等为参与方，共同构成一个生态系统。在这个生态系统中，主播可以进行唱歌、跳舞、脱口秀等多种才艺的表演，以此来吸引用户的观看。用户在观看表演的同时能够与主播进行实时互动和交流，而且还可以购买虚拟礼物送给主播。

现在，六间房已经被民营演艺集团——宋城演艺收购，二者在业务和品牌方面高度契合，可以通过整合线下与线上的资源，包括平台、内容、艺人、团队、客户、营销等，为用户提供更优质的娱乐消费产品，从而达到拓展业务边界、增强品牌竞争力的目的。

像新东方和六间房这样主攻传统业务直播的平台还有很多，这些平台为了获得更丰厚的利润，相继推出了用户虚拟身份等级划分制度。用户可以通过在平台上购买虚拟礼物或者直接充值的方式来提升自己的等级。对于平台来说，这是一项非常重要的收入来源。

另外，用户开爵位、开守护也可以为平台创造一定的收入。与此同时，直播凭借自身强大的并发效应和内容效应，受到了品牌厂商的青睐，成为企业投放广告的首选地。因此，为品牌打广告也是平台的收入来源之一。

掌握了新东方、六间房的运营策略，以及平台的盈利来源之后，便可以着手进行传统业务直播。随着社会的发展，与传统业务直播相关的副业正在不断增多，如平台运营者、主播、直播内容策划等，大家可以根据自身条件做出合适的选择。

5.1.2 泛娱乐直播

为了积极应对用户需求增多的趋势，泛娱乐直播被提了出来。这种直播模式有一定的优越性，如可以随时随地观看、打赏的主播数较多、用户更精准等。在泛娱乐直播中，"泛娱乐"的核心是 IP，其所涉及的内容非常广泛，包括游戏、动漫、音乐、戏剧等。如今，可以主攻的泛娱乐直播的平台主要有以下三个，如图 5-1 所示。

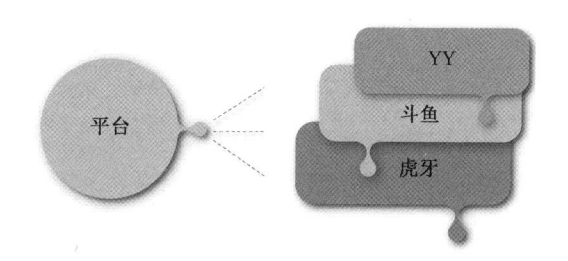

图 5-1 泛娱乐直播的平台

1. YY

YY 是我国直播行业的奠基者之一，现在已经发展成为一个包含音乐、动漫、脱口秀、户外、体育、游戏等在内的泛娱乐直播平台，坐拥大量的用户。在 YY 上，舞蹈、游戏、聊天、DJ、说书等表演形式均有

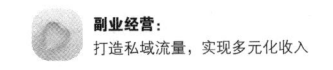

其固定的粉丝。此外，YY 也推出了《大牌玩唱会》《怪咖来撩》《世界百大 DJ 秀》《九宫格》等一系列直播节目。

在直播风靡之际，YY 除在内容方面做了一系列努力外，还在用户体验方面下了不少功夫。如今，用户可以通过 YY 客户端、YY 应用程序等多种方式观看直播，并且还可以通过 YY 直播助手实现一键直播功能。

YY 为主播提供了变现的渠道，将主播及其粉丝连接在一起，充分满足粉丝的精神需求。如果你想利用业余时间做主播赚钱，那么 YY 将是一个不错的选择。但是，你需要培养一些与众不同的特质，如鲜明的个性、独特的才华，强烈的表演欲望、基本的文化素养等。在这个过程中，你既实现了自身价值，也娱乐了他人，可谓是一举两得。

2. 斗鱼

如今，斗鱼是一个十分受欢迎的平台，不过其发展之路也是荆棘丛生。从主播解约事件，到知名主播跳槽事件，再到同行挖角事件，斗鱼简直是一波未平一波又起。然而即使如此，斗鱼依然积极回应，主动面对，将各事件的不良影响降至最低。

也正因为如此，斗鱼的 B 轮融资获得了不错的成绩，金额高达 1 亿美元。这也在一定程度上说明，斗鱼的发展前景比较广阔。在这种情况下，我们可以将目光放在斗鱼上，凭借自己的才艺和过人之处吸引粉丝，获得打赏进而变现。

3. 虎牙

作为中国领先的泛娱乐直播平台，虎牙已经积累了上亿名用户，每个月的收入也十分丰厚。在直播的内容选择上，虎牙是第一个将明星请到直播间的平台。无论是借助明星增加人气还是借助热点深挖娱乐圈内部，虎牙都显得从容不迫、游刃有余。

虎牙有很多知名的主播，如电竞美女 Miss、地下城与勇士第一人旭旭宝宝、绝地求生职业选手 Xleft 小叮当等。这些主播为虎牙带去了流量和用户，提升了虎牙的活跃度。因此，除了前面提到的 YY 和斗鱼，虎牙也可以成为经营副业的平台。

在盈利方面，泛娱乐直播更偏向于和用户、粉丝进行互动，有比较强烈的情感色彩和社交属性。而电商需要的恰巧就是互动和社交，所以我们可以借助电商来赚取收入。在直播的过程中展示产品，能够让人们更加直观地了解产品。而且通过主播的讲解和展示，会极大地促进人们的消费欲望，提高购买率。

同时，优秀的主播能够依靠自己的专业的能力和对潮流的把控，获取大批忠实粉丝，形成黏性比较高的消费圈。这对于后续的产品销售和品牌推广来说都具有极大的帮助。所以在经营主播副业时，我们可以先通过一些才艺将粉丝吸引过来；当粉丝达到一定的规模以后，再带货或者帮助他人做广告。

5.1.3 垂直领域直播

在全民直播时代到来之际，娱乐文化事业在获得良好发展的同时，还收获了丰厚的经济回报，这就促进了垂直领域直播的兴起。与传统业务直播和泛娱乐直播相比，垂直领域直播还未得到深入开发，可谓是一片清澈的"蓝海"。

垂直领域直播专业性强，对用户的纯度要求比较高，所以很多时候就类似于一个"真空"市场。对于副业经营者来说，选择一个自己熟悉并且可以胜任的垂直领域，聚集精准受众，是实现成功的重要突破口。从另一个方面来说，由于垂直领域直播的准入门槛比较高，因此，副业经营者所面临的竞争将大大减少，赚取收入的难度也更低一些。

映客是一个典型的垂直领域直播平台，许多影视明星都纷纷入驻该平台，为其提高了影响力和知名度。看到这里，大家可能会觉得映客的CEO奉佑生不是十分有钱，就是非常有人脉。其实不然，奉佑生是一位IT界的门外汉，完全靠着自学成功"上位"。那么，他是如何让映客从0做到1的呢？

第一，选择直播作为创业的切入口。因为直播可以代表发展趋势，并且避开了BAT（百度、阿里巴巴、腾讯的简称）等互联网巨头的视线，有机会快速出头。全民直播热潮就验证了奉佑生的判断。确实，直播作为一种新的社交方式，已经深刻影响了我们的生活。

第二，严格监管内容。在创业第一天，奉佑生就把映客定位为高端的平台，并选择了一二线城市的时尚人群，以及海外留学生作为目标用户。此外，因为直播会有一定的风险，所以映客对低俗的内容是零容忍的态度，而且坚决不触及国家政策的底线。

第三，相比于其他平台，映客做到了极简主义，不以花里胡哨的页面来吸引用户，而是从用户出发，切实为用户考虑，以功能俘获用户。例如，映客有一键直播的功能，这个功能非常人性化，解放了用户的手指，提升了其观看体验。

其实除了主播，平台运营者也是一项不错的副业。在实际操作时，我们可以向映客的奉佑生学习。虽然我们可能无法像他那样做得如此出色，但是映客的一些运营技巧和运营理念还是值得我们深入研究的。

5.2 内容创作：好策划产生好内容

一个主播要想吸引并留住粉丝，高质量的内容是一定不能少的。如今，有些主播依靠自己的高颜值，也许会在短时间内吸引一定数量的粉丝，但是如果没有内容作为支撑，那么这些粉丝终将转为路人。高质量的内容可以弥补主播颜值方面的不足，因为绝大多数粉丝还是更在意内容，希望在有趣、有料的内容中得到精神上的满足。

5.2.1 如何做好直播定位

直播将文字、声音、图像等元素融合在一起，而且还利用真实、生动的真人表演，给大家制造出强烈的现场感，这样能很容易吸引大家的眼球，从而达到印象深刻、记忆持久的传播效果。正是由于这些优势，才使得直播成了一个非常热门的副业。

在做直播之前，首先要做好定位。因为有了准确的定位，就相当于有了灯塔的指引，副业经营者也有了前行的动力。那么，如何才能做好直播定位呢？需要把握以下两个重点，如图 5-2 所示。

图 5-2　做好直播定位的两个重点

1. 选择适合自己的直播方向

对于一个直播领域的副业经营者来说，选择了适合自己的直播方向，将如虎添翼，反之，则可能以失败告终。在选择直播方向时，应该从以下三个方面进行考虑。

（1）专一。李佳琦、薇娅、张沫凡等比较知名的主播都有一个共同的特性——专一，也就是他们的直播方向都是比较固定的。试想，一个主播如果今天带货、明天解说游戏比赛、后天又介绍星座运势，那怎么会吸引有黏性的粉丝呢？因此，我们应该瞄准一个直播方向，不可以天马行空、想做什么就做什么。

（2）特长。我们要根据自己的特长去定位。例如，有的人天生一副好嗓音，歌声优美动人，那么就可以做一个才艺主播；有的人对色彩特别敏感，在服装搭配方面很有心得，那么就可以做一个带货主播，把自己认为搭配得好的服装推荐给大家。

（3）风口。2020 年年初，突如其来的疫情让直播迎来了爆发的机会，将其作为副业的人越来越多。因此，为了脱颖而出，我们应该抓住风口。李佳琦抓住了带货的风口，创下了两小时销售额达到 2.67 亿元的纪录。未来，VR、AR、云计算等技术的升级也将让虚拟主播成为风口，从而丰富直播的赛道、拓宽直播的边界。

2. 找准目标群体，了解受众心理

在做直播之前，我们应该对目标群体进行定位，根据其偏好和喜爱选择所要输出的内容。在定位时，我们需要分析目标群体的年龄、职业、收入、学历等情况。举例来说，如果目标群体收入比较高，那么我们就可以为其推荐一些知名品牌的、价格比较高的产品。

此外，我们还需要了解受众心理，以便挖掘出其兴趣点和兴奋点。米亚飞是直播领域的一个新的主播，但是在短短两年的时间内就吸引了众多粉丝。通过分析，她了解自己的受众都是年轻人。为了迎合年轻人的心理，她决定做一名游戏主播，而且有时还将一些游戏大咖请到自己的直播间做客，向大家传授玩游戏的经验和技巧。

这样的内容可谓是正中年轻人的下怀，他们怎么能不为其买单呢？米亚飞对自己的言行严格把关，净化了直播间的环境，规避了被封号的风险。而且在直播时，米亚飞还十分注重与粉丝的互动，从而可以进一步增强粉丝的交流感和参与感。

绝大多数主播的成功都不是偶然的，而是因为他们做好了直播定位，找准了目标群体，实现了根据受众心理创作内容。对于直播领域的副业经营者来说，这些重点是必须掌握的，在具体操作时还可以借鉴和学习其他知名主播的经验。

5.2.2 选题规划：抓住热点+介绍干货

除定位外，选题规划也是直播的一个关键环节。在进行选题规划时，最重要的是抓住热点。很多时候，热点来得快去得也快。我们要想借助热点维持自己的直播热度，就需要挖掘出热点本身蕴含的深刻道理。

第一步，每一个热点的背后都有其所要表达的重点内容，我们需要将这个重点内容总结出来；第二步，热点与直播的内容应该融合在一起，以便为直播创造亮点；第三步，即使热点的关注度已经有所下降，该热点对人们造成的影响也会持续一段时间。因此，我们必须充分利用这段后续影响期，开发热点的相关事件，实现热点的二次引流。

综艺节目《乐队的夏天2》热度爆棚时，李佳琦邀请了五条人乐队和大波浪乐队做客自己的直播间，收获了大量的关注。此外，还有很多主播结合《乘风破浪的姐姐》的热度，推出以"姐姐都在使用的美妆产品"为主题的直播，为自己吸引了很多流量。

虽然利用当下的热点进行选题规划可以产生很多优势，但是我们也要选择合适的热点并与自己推销的产品相结合。如果热点与产品的相关度不高，或者二者的结合不恰当，那么可能让人们认为是在"蹭热度"。这不仅不能为我们带来流量，还会引发脱粉的风险。因此，我们一定要认真分析热点，选择合适的热点，这样才能够取得好的直播效果。

热点的重要性我们已经有所了解了，下面来讲述另一个重点——介绍干货。周文军开了一家专门销售小龙虾的淘宝店铺。为了增加销售量，他每天都会通过直播来推广自己的产品。有一次在进行选题规划时，他决定为大家介绍麻辣小龙虾的做法。

在直播中，周文军详细介绍了麻辣小龙虾的做法，包括选料、清洗、食材准备、制作步骤等。虽然他并没有直接进行小龙虾的推广，但是观看了直播的人们都觉得周文军对小龙虾质量的把关十分严谨，制作出来的麻辣小龙虾色泽也十分诱人，于是纷纷下单。

一个好的选题能够为直播带来更多的关注，也会激发人们的购物欲望，进而实现产品销售。周文军的选题注重干货，而不是产品推广，却能够在潜移默化下影响人们的态度，进而提升直播变现的效果。

在规划直播的选题时，我们还需要注意以下三个方面的内容。

（1）突出产品的特点。例如，在销售防晒产品时，我们可以根据"12小时持久防晒""防汗""质地清爽不油腻、不刺激皮肤"等特点规划直播的选题。

（2）有一定的特色。我们需要从多角度思考直播的选题，展现直播的特色。例如，在上述麻辣小龙虾的案例中，周文军就别出心裁地选择了麻辣小龙虾的做法作为直播的选题。这一选题带给了人们新鲜感，吸引了人们的广泛关注。

（3）贴近生活。许多人观看直播是因为其具有实时性，而且内容也与日常的生活息息相关。因此，直播的选题也应该贴近生活。例如，我们可以在直播中试用、试吃产品，或者直接展示某产品的制作过程。

总的来说，在具体操作时，我们要选择能够突出产品的特点、有特色并且贴近生活的选题。同时，还要时刻关注热点，将热点融入直播中。另外，直播的整个过程都应该围绕规划好的选题而展开，并且还要注重干货的输出，为人们提供真正有价值的内容。

5.2.3 直播方案：制定流程+提前彩排

梁晓希是一名刚刚入行的主播，起初，她并不知道自己应该怎样做，更不知道如何与人们进行交流和互动。她本来以为直播是一件很容易的事情，只要在镜头前认真展示产品就能吸引大量的人来观看。但是，当自己真正成为主播之后，她才发现直播并不简单。

因为缺乏经验，梁晓希没有对直播的内容进行设计，也没有掌握直播的流程，所以呈现出来的效果并不好。为了解决这个问题，她开始制

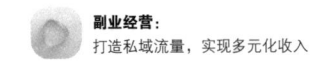

作直播剧本并对其进行彩排，包括练习产品介绍、预设人们可能提出的问题等。与此同时，她还设计了一系列互动环节，以此增加直播间的人气。

经过一段时间的努力，梁晓希直播的效果有了很大的改善。她的直播间渐渐活跃起来了，产品的销量也得到了大幅度提升。究其原因，就是梁晓希掌握了直播的流程，而且也对彩排提起了重视。在这样的策略下，她能够更顺利地完成一场直播了。

可见，要想把直播这项副业经营好，我们就应该制订完善的流程，提前进行彩排。在制订流程方面，我们可以将直播分为以下四个环节。

（1）开场白和产品介绍。在直播开始时，需要先打个招呼，简单介绍一下自己。随后展示本次直播需要测评的产品，并对该产品进行一个总体介绍，例如，"本次测评的相机是××家的新产品，款式有所创新，功能也更加齐全"等。

（2）展示产品的功能。为了提升效果，我们可以从产品的一些重点功能开始介绍。举例来说，如果是介绍一部手机，那就可以先介绍其通话质量、相机的拍摄效果、上网等功能。此外，我们也可以介绍其他同类产品的功能，以突出自己产品的独特之处。

（3）回答人们的问题。在介绍完产品以后，还需要设计一个互动环节，即让人们提出问题，然后对这些问题进行回答。如果问题很多，我们就应该选择一些比较重要的问题进行回答。

（4）设计优惠活动。例如，我们可以通过抽奖的方式把本次直播中的产品作为礼物送给幸运观众。这种方式能够活跃直播间的气氛，也能够让自己获得更多的关注。

在提前彩排方面，我们需要注意三个要点。

第一，认真思考。例如，思考某个环节的设计是否合理，会不会使人们感到厌烦；怎样做才能激发人们的积极性，使人们与自己互动。在彩排的过程中找出这些问题的答案，才可以提升直播的质量。

第二，为每个参与者彩排。有些时候，一场直播可能需要别人与自己配合。为了保证直播的正常进行，我们需要为每个参与者以及每个环节进行彩排。这样，有利于内容的完整性和直播的流畅性。

第三，我们需要为彩排留有充足的时间，不能因为只是彩排就随意走走过场。另外，在彩排的过程中，我们也需要充足的时间来预测可能出现的突发状况，并为其制订相应的处理措施。

在设计直播方案时，为了能够把控好各个环节，给人们带去更好的观看体验，我们需要制订流程、提前做好彩排。通过这样的做法，无论是带货主播，还是测评主播，都可以取得更好的效果，获得更丰厚的收益。

5.2.4 淘宝直播技能分享：如何正确介绍产品

如今，淘宝直播越来越受欢迎，作为主播的李玉也从中获得了不少收益。李玉原本和普通的主播一样，为消费者介绍自己的衣服然后试穿，再依次回答消费者的问题。但是李玉的销售业绩始终不温不火，她为此很是着急。经过仔细思考后，她总结出了一个办法。

在一次淘宝直播中，李玉并没有着急介绍衣服，而是向消费者询问："大家有没有平时觉得带着很麻烦但是又不能不带的东西呢？"许多消费者纷纷在屏幕上留言："银行卡、公交卡、钱包、钥匙等。"

在消费者回答完以后，李玉立刻就拿起了一件衣服，然后把镜头转向这件衣服的口袋上。随后李玉向消费者介绍："这件衣服别出心裁地多加了一些口袋，而且这些口袋可以装下日常出行必须要带的东西。"

结合李玉提出的问题，这些本来不起眼的口袋马上就获得了消费者的关注。许多消费者在听完李玉的介绍以后立刻下单购买了这件衣服，李玉淘宝店铺的销售额也得到了大幅提升。在接下来的淘宝直播中，李玉如法炮制，以产品的关键词来吸引消费者的目光。这使得她的直播间的人气不断上涨，观看直播时下单的消费者也越来越多。

在进行淘宝直播时，很多主播不知道应该如何介绍产品，也不知道如何制造话题才能吸引消费者购买。其实这些问题比较好解决，巧妙利用关键词就是一个不错的办法。例如，衣服上有特殊的口袋或者精美的纽扣，这些都可以作为产品的关键词展示给消费者，从而激发消费者的购买欲望。那么我们应该如何巧妙利用关键词呢？

第一，直击消费者的心理。观看淘宝直播的消费者一般都是潜在客源，他们想知道主播介绍的产品是怎样的。所以在关键词的选择上，应该突出消费者最想要了解的方面。例如，很多消费者会关心衣服的搭配，此时主播就可以直接为他们展示搭配效果。如果消费者觉得衣服搭配得很好看，就很可能马上购买。

第二，符合产品特性。产品特性是产品的关键词，例如，清凉、显身材、价格低、质量高等。主播在进行淘宝直播时不能只是千篇一律地推销产品，而是要多方面、多标签地介绍产品，这样才可以吸引更多消费者的目光。

第三，突出产品的优势。如果主播在介绍产品时没有突出产品的优势，那就可能造成潜在客源的流失。有优势的产品更能让消费者感到新奇，从而促使消费者下单购买。但是，主播必须保证产品的优势确切属实，坚决不能因为贪图一时的销售业绩而欺骗消费者。

第四，尽量围绕产品展开话题。对于消费者来说，最重要的还是产品的真实性。通过淘宝直播，主播可以对产品进行全方位展示和测评，从而让消费者了解产品的真实性。同时，主播还可以有理有据地向消费者说明产品的功能以及特性，以便增强消费者的信任。

此外，邀请明星来亲自体验产品也是不错的做法。或者主播可以做一个街边访问直播，让路人来试用产品，并说出试用以后的感觉。这样可以使效果更真实，也更容易获得消费者的认可，进而促进产品的销售。

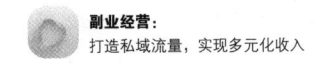

副业经营：
打造私域流量，实现多元化收入

5.3 内容推广，做好引流

想让直播有人欣赏，就需要有好的内容，而且有了好的内容之后还必须推广出去，否则就很难取得好的效果。内容只有让别人去消费，才能实现其价值。对于主播来说，有了粉丝也就有了流量，有了流量也就有了收入，有了收入也就能够达成变现的目的。可见，内容推广和引流是做直播的两大要点，我们必须提起重视。

5.3.1 微信公众号、微博等平台引流

作为主播，吸引粉丝非常关键，这种行为用网络术语来说叫作引流。将引流做好，就意味着打开了市场，可以创造更多的经济效益。在引流方面，最不能忽视的就是微信公众号、微博，以及其他有一定用户基础的平台。

1. 微信公众号

有了微信公众号，我们就可以与粉丝进行全方位沟通，沟通方式可以是文字、图片或视频。这种多元化的沟通方式让我们能够更高效地向粉丝传达信息，从而达到高效引流的目的。除此之外，利用微信公众号

引流还有一个优势，即借助微信公众号分析数据，并由此创作出一些有针对性、有吸引力的文章群发给粉丝，以提升引流的效果。

2. 微博大V付费宣传

由于微博大V本身拥有大量的粉丝，具备比较强的号召力和影响力，因此如果让其帮忙宣传，那么将为我们带来更高的转化率。不过需要注意的是，有些微博大V早就已经明确了定位，所以我们一定要考虑他们的定位是否与自己的定位相契合。

另外，我们还需要观察微博大V的言论是否一贯积极正面。如果微博大V在之前发表过消极甚至反面的言论，那么即使他的知名度再高，我们也不应该与他合作。

3. 活动发布平台

我们可以利用一些免费或者付费的活动发布平台进行引流。如今，常见的活动发布平台有以下几个：活动行、爱活动、活动家、活动网及互动吧等。

4. 自媒体平台以及各大论坛社区

我们可以通过自媒体平台以及各大论坛社区发布信息，而且这类平台大多是免费的。现在比较主流的自媒体平台以及各大论坛社区包括以下几个：今日头条、简书、百度贴吧、知乎、豆瓣、搜狐公众平台、一点资讯、天涯论坛及百度百家等。

有一些自媒体平台，如搜狐、一点资讯等都非常重视信息的质量，有比较严格的审核机制。因此，我们最好不要在这类平台上直接发布信息，但是可以采用软文的方式将自己想要传递的信息发布出去。

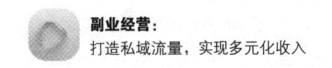

5.3.2　软文引流：取一个好标题

软文是另一种形式的广告，通常是将宣传内容巧妙地融入文章中，让人们在享受文字带来的美妙感受的同时，又可以了解产品和品牌。因此，与硬性的广告相比，软文更容易征服人们，也能够引来更多的流量。

在利用软文进行引流时，必须取一个好标题，因为一个好标题能够吸引人们"驻足"围观。关于这个问题，我们还得具体情况具体分析。通常来说，一个好标题应该具备以下三大特点，如图5-3所示。

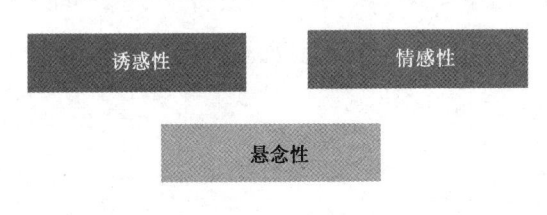

图 5-3　一个好标题的三大特点

1. 诱惑性

写软文的目的是宣传和推广自己的直播间，而要达到这个目的就必须取一个具有诱惑性的标题。平淡无奇、千篇一律的标题很难吸引人们。下面列举一些比较经典的、具有诱惑性的软文标题：

《主播年收入千万元不是梦》（××主播经纪公司的软文标题）

《因为一道新增的皱纹，我花了300万元》（××美妆主播的软文标题）

《有了这个产品，你的生活将与众不同》（××带货主播的软文标题）

以上这些软文标题都有一个共同的特点——充满了诱惑性。当人们看到这样的软文标题以后，会情不自禁地点开查看具体的内容。

2. 情感性

所谓"动之以情,晓之以理",一个充满情感性的标题非常能够打动人。这种类型的标题举例如下:

《一份终生难忘的礼物,让我收获了世界上最大的幸福》(××带货主播的软文标题)

《因为这个产品,我重获了新生》(××美妆主播的软文标题)

《爱情诚可贵,健康价更高》(××养生主播的软文标题)

3. 悬念性

从心理学的角度来看,每个人都有好奇心。如果你的标题设置得悬念重重,那么自然能够引导人们进行点击。这种类型的标题举例如下:

《漫漫人生路,你不应该走弯路》(××情感主播的软文标题)

《一个电竞小伙的魅力人生》(××游戏主播的软文标题)

《因为它,我与茶结下了不解之缘》(××带货主播的软文标题)

除了标题,内容当然也十分重要。软文的内容一定要简短、精炼,只要能展示出你的特色和优势即可。一篇好的软文最好控制在 800 字以内,而且还要加入一些图片和表格。此外,结尾部分一定要干净利落,否则很难达到引流的目的。

对于直播领域的副业经营者来说,构思一篇高质量的软文其实并不难,有很多办法可以使用,例如,在标题和内容上多下功夫。而且在互联网时代有比较丰富的资源可以利用,其中的关键在于行动。谁先行动起来,谁就可以先在直播中收获累累硕果。

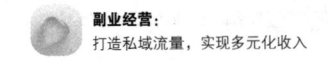

5.3.3 线下引流：参加线下活动

虽然现在是互联网时代，但是线下引流的作用也不容忽视。在进行线下引流时，我们可以关注以下四个渠道，如图 5-4 所示。

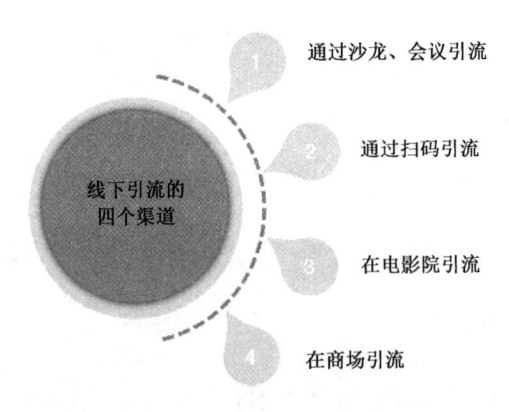

图 5-4 线下引流的四个渠道

1. 通过沙龙、会议引流

通过沙龙、会议为直播引流，可从以下四个方面着手。首先，了解目标是什么，即为什么要举行沙龙、会议。有了目标，就相当于有了方向的指引。在此基础上，我们还需要对目标进行细分，即应该吸引多少粉丝，吸引哪种类型的粉丝等，这些细分的目标都将为下一步活动指引方向。

其次，选择地点，即在哪儿举行沙龙、会议。因为北京是直播平台很集中的城市，所以将举行沙龙、会议的地点定在这里比较合适。

再次，邀请参与对象，即邀请哪些人来参加沙龙、会议。因为举行沙龙、会议的目的是引流，所以参与对象应该是与直播有关系的人，如知名主播、忠实粉丝、潜在粉丝等。

最后，确定预算资金，即举行沙龙、会议的费用是多少。沙龙、会议的地点、参与对象等都会受到资金的制约，也会对引流效果产生一定的影响。因此，我们需要提前做好资金预算，以确保活动的顺利开展。

2. 通过扫码引流

扫码引流的关键在于吸引更多的人来扫描二维码，要做到这一点，需要从以下三个方面入手：第一，选择一个人流量大的地点，如超市门口、大型商场门口、公园门口等；第二，有一个博人眼球的"持码者"，如穿着可爱玩偶衣服的人、长相比较出众的美女或帅哥等；第三，设计出有创意的二维码呈现形态，如直接将二维码印在衣服上等。

3. 在电影院引流

电影院是一个年轻人相对集中的区域，所以是引流不可错过的首选之地。在电影院引流，首先要与相关人员沟通协商，经得工作人员同意以后才能去开展工作；其次要设计新颖独特的宣传海报，传递更多的有效信息；最后要保证推广活动的简单高效，不能耗费太长时间。

另外，电影院播放的电影会不断更新，前去观看的人群也有所不同，这也反映了不同人群的喜好问题。因此，根据电影院播放电影的情况，有必要设计出有针对性的引流方案。

4. 在商场引流

如果仔细观察就不难发现，商场是有很多功能区的，各个功能区聚集的人群也有差别。所以，在各个功能区开展的引流活动也应该有针对性，这样才可以在最大程度上提高引流的效率。我们可以开展有奖扫码活动，即只要扫码就可以免费领取一些小首饰、面膜等小奖品；也可以邀请当红主播来现场，与人们进行近距离的接触。

第 6 章

外包副业：利用专业技能接项目外包

现在，很多公司都有一种鲜明的经营趋势——项目外包，如IT外包、人力外包、财务外包等。这个现象在一定程度上说明了社会在高速发展，分工越来越细化。甚至我们可以这样说：外包已经成为公司在市场竞争中制胜的重要手段。

因此，假如你是程序员、设计师或工程师，并且拥有足够的时间和充沛的精力，那么就可以接手一些其他公司的外包订单。这也是副业的一种，而且可以为你带来非常丰厚的利润。不过，要想把外包做好，一个非常重要的前提就是你需要拥有强大的专业技能。

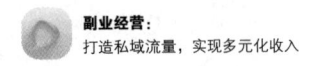

副业经营：
打造私域流量，实现多元化收入

6.1 做外包副业的优势

随着人们消费水平的不断升级以及生活水平的提高，越来越多的人都开始追求高收入。于是，做外包便成了他们一个不错的选择，因为这项副业确实比较有优势。在效益方面，做外包的利润比较高，开发一个软件的价格甚至可以达到上百万元；在客源方面，可以通过很多途径找到客户，所以只要你肯努力，就一定可以赚到钱；在渠道方面，提供外包订单的平台不断增多，如程序员客栈、码市、智城外包、猿急送、开发邦、快码等，副业经营者可以自由选择。

6.1.1 效益优势

梁宁在微信公众号上发布过一篇名为《赚钱的事和值钱的事》的文章，这篇文章中有一句话说得非常好："赚钱的事，核心是当下的利差，现金现货，将本求利；值钱的事，核心是结构性价值，兑现时间，在某个未来。"

通过做外包，张立明现在的月收入可以达到 5 万元。他从 2010 年就开始做外包，现在已经形成了一定的规模。张立明手上的订单主要有两种：一种是可以复制的，有利于降低整体的开发成本；另一种是需要长期维护的，维护的成本通常比较低，效益却非常可观。

对于张立明来说，做外包既是赚钱的事，又是值钱的事。因为他可以在不影响生活和主业的情况下，获得一笔额外的收入，而且这笔收入很丰厚。此外，他还可以在做外包的过程中不断提升自己的能力，这个能力以后将转变为实实在在的利益。

假如你的主业进入了瓶颈期，而你的时间又非常充足，并且没有别的事情要做，那么不妨像张立明一样做外包，接手一些自己有把握的订单。好的订单就相当于开源项目，不仅可以锤炼技术，还能够获得一笔不菲的收入，真可谓是一举两得。

假如你有一份发展前景比较广阔的主业，但是对薪酬方面不太满意，那么也可以像张立明一样做外包。此时，你需要平衡主业和副业之间的关系。因为做外包有一些不确定的因素，如遇到不靠谱的甲方、找不到合适的订单等，所以你还是要把更多的时间和精力投入主业上。从长远的角度来看，这样的做法更稳妥一些。

做外包可以为我们带来效益，这是毋庸置疑的，但是我们也不能因此而盲目跟风。大多数人之所以会做外包，主要是因为想获得更稳定、质量更高的生活。不过无论如何，在做外包之前，我们都必须想一想，这项副业到底适不适合自己。

6.1.2 客源优势

现在外包市场的竞争越来越激烈，但是真正有需求的客户也越来越多。其中比较棘手的问题是供求信息不对称，即想从事做外包的副业经营者找不到合适的客户，而客户又很难对接到做外包的副业经营者。可见，如果解决了供求信息不对称的问题，那么做外包还是有客源优势的。

如果你想做外包，但是又不知道如何寻找客户，那么可以从线上、线下两种途径入手。

1. 线上途径

（1）百度、知乎、微信公众号、抖音、微博等。如果你有预算，就选择百度搜索引擎；如果你没有预算，就选择百度贴吧、百度问答、知乎、微信公众号、抖音、微博等。其中，知乎相对专业，客户质量比较高，所以你必须提供高质量的内容，这样才可以获得更多的关注。

（2）邮件、短信。我们可以通过合法、合理的方式来获取客户的联系方式，然后给客户发送邮件或者短信。这个途径比较精准、高效，但是一定不可以侵犯客户的隐私。

（3）QQ群、微信群。要想进入精准的、有潜在客户的QQ群和微信群，我们可以问一下自己之前的客户，让他们将自己拉进这样的社群。因为是熟人介绍过来的，所以不会遭到其他群成员的抵触。

（4）外包平台。通过入驻外包平台，我们可以获得优质的项目介绍和案例，然后将上面的客户变成自己的客户。

2. 线下途径

（1）寻找合适的会议或者活动，获得入场资格，进行一对一的推广。不过需要注意的是，我们必须参加与自己定位相符的会议或者活动。例如，你是专门做餐饮类小程序的，那么就需要参加与餐饮相关的会议或者活动。

（2）专注客户集中地，通上门访问的形式实现转化。

（3）与代理商合作，将寻找客户的工作转移出去，自己只负责产品的开发与交付。虽然这会使利润有一定程度的降低，但是可以减轻我们寻找客户的压力。

了解了寻找客户的途径以后，我们还需要不断提升服务质量。如果在前期能够用心把客户服务好，做出一些有代表性的案例，那么之后的工作将顺风顺水。要知道，客户的朋友，也许会变成下一个客户。

那么，我们应该如何提升服务质量呢？一是要不断增强自己的开发能力；二是要确保产品的稳定性和创新性；三是要多浏览一些行业解读与分析，扩大自己的知识面。如果把这三点做好，那么一定可以吸引一大批有需求的客户。

6.1.3 渠道优势

在做外包的过程中，很有可能出现下面的情况，好不容易接到一个订单，自己投入了非常多的时间，回报却少得可怜，其实这样的订单不接也罢。对于新手副业经营者来说，找到一个合适的订单非常重要。目前，有一些比较适合新手副业经营者的接单渠道，如下所述。

（1）程序员客栈。它是一个自由工作平台，可以为想要做副业的程序员提供稳定的线上工作机会，其中就包括做外包。此外，该平台还支持按需雇佣，副业形式也比较多。

（2）码市。它是一个互联网软件外包服务平台，致力于连接客户与开发者。该平台有利于让客户快速找到合适的开发者，从而以更短的时间完成开发工作。

（3）开源众包。它是一个专业的软件众包平台，开发者可以在平台上找到网站、App、小程序等需要开发软件的客户。

（4）智城外包。它是一个一站式外包项目管理平台，聚合了多种外包项目，而且不需要交易佣金，安全性也十分有保障。如果你是刚刚进入外包领域的人，那么不妨尝试一下这个平台。

（5）实现网。它是一个互联网工程师兼职平台，可以为广大工程师提供做副业的机会。工程师可以在实现网注册成为技术顾问，利用业余时间接不同公司的订单，并且获得以时薪为单位的报酬。目前，已经有上万名工程师在该平台上进行了注册。

（6）猿急送。它是一个高级技术共享平台，也是程序员兼职的渠道。在该平台，想做外包的程序员可以通过实际坐班等方式为其他公司提供服务，帮助其开发软件和产品。

（7）开发邦。副业经营者可以通过该平台为客户提供软件开发与咨询的服务，并获得一定的报酬。由于该平台先后与华为、商汤科技、神州数码、深鉴科技、中软集团、浪潮集团、51Talk、勤邦生物、安龙基因等公司合作，知名度和影响力比较有保障，因此，可以为副业经营者提供较多的订单。

（8）快码。目前，在该平台注册的开发者已经超过了 3 万名，主要涉及 iOS App、安卓 App、微信公众号、PC 网站、手机网站、微信小程序、桌面软件、智能硬件 App 等方面的订单。借助该平台，开发者可以充分利用闲置时间，实现更高的商业价值。

（9）Upwork。它是一个比较规范的综合类人力外包服务平台，聚集了上千万位来自全球各地的自由工作者。借助该平台，副业经营者可以找到适合自己的订单。

（10）Dribbble。它是设计师寻找远程兼职的一个渠道。设计师可以持续发布自己的好作品，等待伯乐的出现。此外，设计师还可以关注Jobs页面，给心仪的公司提交简历。

（11）Remoteok。该平台不仅有远程兼职类的工作，还有全职类、签署合同类和实习类的工作。其创始人就是一名副业经营者，所以更能体会其他副业经营者的感受。

（12）Toptal。它是一个比较高端的外包服务平台，适合有经验和工作非常努力的副业经营者。该平台将客户与想要做副业的软件工程师、设计师及业务顾问连接在了一起。

（13）AngelList。该平台主要服务于初创公司和天使投资人，可以为副业经营者提供远程工作的机会。因此，如果你对远程加入初创公司感兴趣，那么不妨去了解一下该平台。

以上是比较适合新手副业经营者的接单渠道，而且其中一部分是不需要支付费用的。大家可以根据自己的技术能力，以及做外包的方向进行选择。

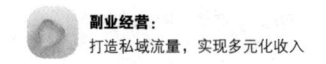

6.2 如何做好外包副业

知乎上曾经有这样一个帖子,"我"在业余时间接到的外包订单,一年下来获得了 30 万元的收入。在这个帖子下面,有很多人都在冷嘲热讽,认为他的话太过夸张,根本就是假的。其实,很多事情的真相与人们的直觉有时是相反的。帖子上的话很有可能是真的,因为某些平台经常会提供几十万元,甚至上百万元的外包订单。

不过,要想通过接单获得丰厚的收入,并不是一件容易的事。首先,我们要积累客源,包括老客户和新客户;其次,我们要把握溢价,如整包溢价、红利期溢价等;最后,我们还要专注于细分领域,并且有选择性地加入与外包相关的社群。

6.2.1 长期积累客源:老客户+新客户

最近 6 个月,张力文一共完成了 11 个外包订单,累计收入达到 17.4 万元。目前,他手里还有正在开发(尚未完结)的 6 个外包订单,总金额大约为 13 万元。张力文的外包订单涉及范围比较广,内容比较丰富,下面我们来看几个比较有代表性的订单。

第一个是为某社交电商做 iOS 和安卓 App 开发，项目金额为 8 万元。

第二个是为某垂直电商平台设计人事管理系统中的一个模块，项目金额为 3 万元。

第三个是开发一个社交类小程序，项目金额为 1.8 万元。

张力文平常只利用业余时间处理外包订单，他有自己的本职工作（某知名公司的前端工程师）。在收入逐渐变多以后，张力文还建立了自己的团队，上面提到的"为某社交电商做 iOS 和安卓 App 开发"项目就是他和他的团队一起完成的。

对于张力文这样的前端工程师来说，外包订单只是收入来源之一，其他收入来源包括老客户转介绍、做咨询、写文章等。因此，我们可以大胆推测，他每年依靠副业赚的钱应该在 20 万元左右。

当然，想做到张力文这样的成绩其实并不容易。但是只要你肯努力，并且认真去做，那么就可以依靠副业赚钱。接下来我们就分析一下，如何做外包才可以获得更多的收入，其中比较关键的一点是需要长期积累客源。

只有把外包作为一项长期的副业，才有可能使自己依靠副业赚钱的年收入达到 30 万元；只有长期维护客户、保证口碑、维护线索渠道，客源才能积累起来。如果没有这样的心态，而是偶尔接一个外包订单，那么很难会有丰厚的收入。我们可以把"年收入 30 万元"转化为"月收入 2.5 万元"。实际上，偶尔接一个 2.5 万元的订单并不难，难的是每个月都能接到一个这样的订单。

外包这项副业的属性是，高度依赖于人际信任和声誉来获得新客户。也就是说，只有前期服务好的客户积累得越来越多，之后才可能形成持续不断的外包订单。以上面讲述的张力文为例，他在长期接单以后，客户对其服务的满意程度一直呈满分状态，他本人非常在意维护自己的口碑和形象。

6.2.2 整包溢价：建团队接大单

很多副业经营者都想接单，但是又不知道应该如何定价。对于这个问题，我们不妨先分个类，订单的形式可以分为个人、团队和公司三大类。价格则根据项目的周期和项目的规模来决定。

先来说以个人为单位的外包订单。副业经营者在这种情况下接到的外包订单一般都不大。因为都是朋友介绍的，所以价格不能太高，最起码要是一个友情价。需要注意的是，虽然是经朋友介绍的，但是在商言商，我们一定要提前把价格谈好，免得最后因价格的原因而损失了客户。

再来说以团队为单位的外包订单。副业经营者在这种情况下接到的外包订单一般不大也不小。此时就需要正式一些了，例如，我们可以先提供一个解决方案，等通过了以后再去谈价格。在交付方面，我们可以这样设计：20%的预付款、60%的交付款和20%的尾款。有时，尾款可能无法拿到，但是作为团队，需要有一定的建设费用，所以我们可以把价格定得稍微高一点。另外，对于团队来说，积累一些解决方案和成功的案例是非常重要的，前期的利润少一点也没有关系，重要的是用心把客户关系建立起来，这样才会拥有源源不断的外包订单，从而获得更多的利润。

最后来说以公司为单位的外包订单。副业经营者在这种情况下接到的外包订单一般都比较大（每一个订单的价格会超过 20 万元）。此时就需要考虑盈利问题了，而且还要将销售和公关的经费计算进去，这样才可以把公司做大，建立品牌和声誉。对于公司来说，要用大量的时间去沉淀自己的第一批客户，同时还要发展新客户。在这个过程中，需要花钱的地方很多，所以应该把价格定得高一些，通常是300%的溢价。

以上就是在接单时需要注意的问题。另外，在接单时，还有一些陷阱需要避免，否则很可能一不小心就掉下去了，我们应该注意以下三点。

第一点是两年以下工作经验的副业经营者最好先不要接单，而是应该静下心来学习技术，否则会影响开发进度，让客户遭受损失。

第二点是落地型（转手很多次）的外包订单千万不要接，因为你拿到的钱可能是最初价格的 20%，但是你要承担的责任远不止于此，所以是非常不划算的。

第三点是如果没有接触到真正的甲方客户，那么最好不要接单，此时若贸然接单将使你耗费大量的沟通成本和人力成本，同时也会耽误很多的时间。

6.2.3 红利期溢价：把握新风口

每过一段时间，互联网行业就会出现一些新的风口。在早期阶段，这些风口使得外包订单供不应求，所以价格会高很多。例如，区块链最火爆的那个时候，一个外包订单的价格可以达到 60 万～200 万元，而现在已经降到 10 万元左右了；之前，开发一个很简单的 App 可能以 20 万元的价格成交，但是如今已经降到 4 万～5 万元就可以做成了。

可见，要想把外包做好，必须敏锐地抓住风口，学习最新的技术。

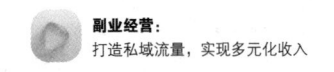

现在，小程序比较热门，使用的人比较多，所以我们可以将重心放在这个方面。在选择小程序的外包订单时，应该多关注靠谱的、值得信任的客户。比较简单的方法是问问自己之前的客户，或者也可以通过百度、知乎等平台搜索相关的资料。

一般来说，不同类型的小程序的外包订单，其价格是不同的，具体如下。

（1）展示类小程序：价格最低，在 500～3000 元不等。

（2）商城类小程序：价格次之，在 2000～5000 元不等。

（3）平台类小程序：价格最高，在 5000 元以上。当然，最终的价格还得根据小程序开发的复杂程度和功能的多少来决定。

对于正处于红利期的外包订单，我们虽然可以提高价格，但是也不能"狮子大开口"。少一点套路，多一点真诚，认真对待客户的需求，不要和客户绕圈子，说一些客户并不理解的话来搪塞客户。如果做到了这些，那么我们就更有底气去做溢价了，客户也会更满意了。

6.2.4 细分领域：细分更专业

现在有些副业经营者都将自己的外包订单集中在了一个细分领域，并取得了不错的效果，例如，只做爬虫，或者只做微信机器人等。实际上，对于如何通过做外包来提高收入这个问题，我们应该一直都保持思考和学习的态度。例如，加入与做外包相关的社群，学习做外包的知识。

总的来说，通过加入社群，我们可以获得以下几个方面的优势：

（1）获得客户线索，优先从社群内获得长期、稳定的外包订单；

（2）在社群里学习到如何接到更多的外包订单（例如，实现网的派单规则）；

（3）获得收入排名靠前的工程师的经验；

（4）享受团队组队服务（社群内会有专人辅助对接）；

（5）获得关于工程师做副业、做生意的相关前沿消息（除外包外，还有其他适合工程师做的副业可以探索，如培训类、职业咨询类、少儿编程类、企业内培训类等）；

（6）群成员之间的项目合作对接；

（7）获得针对互联网从业者做副业、做生意的相关前沿消息。

有些时候，为了保障社群的质量，我们入群时可能需要接受审核，并且需要支付一定的费用。大多数社群的审核要求是：有知名互联网公司的工作经验、有长期做副业的意愿等。费用则大概为 200 元/季度，当然，与接到更多的外包订单相比，这些费用其实不值得一提。

第 7 章

写作及线上培训：传播见识，分享智慧

如今，内容创业和微信公众号的火爆程度已经有目共睹，这也催生出了以写作为副业的新业态。对于从事这项副业的人来说，如何把文章写好、如何提高自身的竞争力、如何在写作领域脱颖而出等，这些都是必须考虑的问题。为了解决这些问题，有人会愿意支付一定的费用去参加相应的培训。于是，线上培训也成了一项越来越受欢迎的副业，如果我们有这方面的能力，那么就可以开展线上培训从而赚取更多的收益。

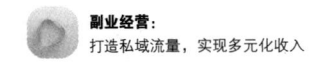

副业经营：
打造私域流量，实现多元化收入

7.1 怎样通过写作赚取收入

在写作中，文章是最重要的部分，其质量的高低会在很大程度上决定收益的多少。因此，如果你想把写作作为副业，那么首先需要知道如何才能写出一篇好的文章；其次还需要知道应该将文章发布在哪个（哪些）平台上；最后应该注意的是，必须坚持长期写作，不能半途而废。

7.1.1 素材是第一位的：不断积累好的素材

对于写作来说，素材是第一位的。要想通过写作赚取收入，就应该积累好的素材，这样才能写出高质量的文章。那么，具体应该怎样做才能积累好的素材呢？如图7-1所示。

1. 关注热点，巧"嫁接"

前面我们也讲过，热点可以吸引更多的关注。以最近非常火爆的《乘风破浪的姐姐》来说，大家的焦点都在这个节目上，与之相关的文章也非常多。如果哪位"勇士"偏偏要在这个时候写一篇有关养生的文章，其取得的效果可能就不会那么理想了。

```
积累好的素材  ── 关注热点，巧"嫁接"
的方法       ── 瞄准垂直领域，讲干货
             ── 整合素材，保留价值部分
```

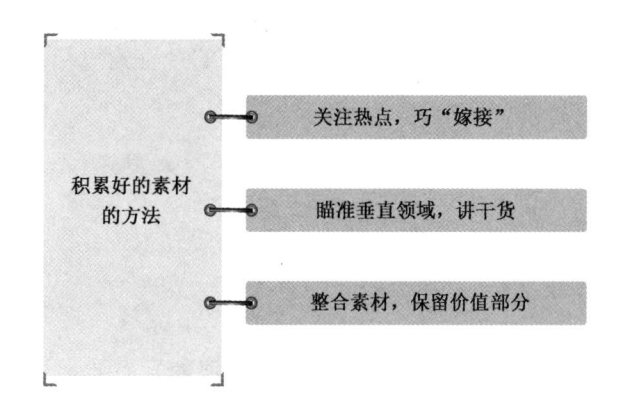

图7-1 积累好的素材的方法

有了热点之后，我们需要将其与文章巧妙地"嫁接"在一起，并且有针对性地去寻找素材。一般来说，不同的热点会对应着不同的素材。例如，在写有关热门影视剧的文章时，这个热门影视剧就是最好的素材，所以我们必须用心去观看。

另外，热门事件的可预见性比较低，考验的是我们的临场应变能力，此时就需要用到我们平常积累的素材了。如果平常积累的素材不够多，那么我们还可以从今日头条、微博、百度、新榜等平台去寻找素材，然后进行写作。

2. 瞄准垂直领域，讲干货

写作圈的现状是：许多热门的领域，如时尚、情感、娱乐等已经被一些大V占领，新人可以从中获取的粉丝红利越来越少。因此，对于新人来说，其文章的垂直化程度越高，发展潜力也会越大。

像专注于星座的"同道大叔"、专注于个人宠物的"回忆专用小马甲"，还有读金庸的"六神磊磊"、点评西游记的"王左中右"等都瞄准了某一个垂直领域，吸引了一批精准且稳定的粉丝。

既然建议大家向垂直领域发展，那么在寻找素材时也需要瞄准垂

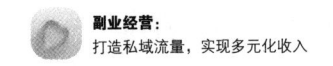

直领域。因此，我们应该多关注与自己选定的垂直领域相关的信息。例如，"六神磊磊"就需要多关注一些与金庸小说有关的信息，像一些贴吧、网站上的相关信息都可以成为很好的素材来源。

3. 整合素材，保留价值部分

在收集完素材之后，接下来就要对素材进行整合，即整理哪些素材是有价值的，哪些素材是没有价值的。有价值的素材通常可以归纳为两种：一种是与大众生活情感息息相关的、具有娱乐消遣属性的素材；另一种是具有社交和工具属性的素材。其中，前一种素材可以保证我们有一定的收入，而且未来还有通过与粉丝经济绑定做付费内容的可能性；后一种素材对人们的精神生活和实际生活更有意义，可以为人们提供实实在在的帮助，提升人们的自身实力。

微信公众号"十点读书"就具备很强的原创能力，这也是它出奇制胜的关键点。"十点读书"坚持原创，而且在收集、整合素材时，瞄准读者定位，做到了精挑细选。其团队十分注重有价值的素材，不会过多保留一些"情怀"的东西。此外，"十点读书"在认清时代发展趋势的情况下，积极分析读者的阅读习惯，果断舍弃低俗、没有"营养"的素材。这样既能够保证写作的效率，还可以进一步提高文章的质量。

为了积累更多的素材，我们需要用发散的思维考虑问题，不要局限在某一个框架内。如果看到好的素材，就应该及时将其记录下来，说不定在写哪篇文章时就可以用到。有了好的素材，就可以持续输出高质量的文章了。

7.1.2 套路与创新：从学会套路开始练习写作

很多时候，写作不是只有积累素材这么简单，还需要将这些素材有效组装起来。下面就来向大家介绍一下如何组装素材,从而创作出一篇完整的文章。在具体操作时,我们应该运用一些套路,坚持创新,具体可以总结为以下几个步骤,如图 7-2 所示。

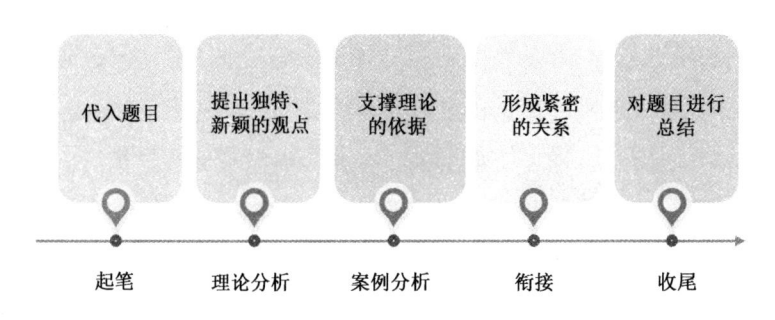

图 7-2 写作中的套路与创新的步骤

1. 起笔:代入题目

所谓"一个好的开始,便是成功的一半",文章的开头在很大程度上决定了文章的质量,决定了文章能否成为爆款。从心理学的角度来看,几乎所有人都会重视第一印象。当某个事物给自己留下了比较好的第一印象时,就会在心理上更加认同该事物,并对该事物产生好感,直至形成强烈的信赖感。因此,我们要想方设法地让自己的文章给读者留下一个比较好的第一印象。

文章的开头是与题目连接在一起的,所以在起笔时,一定要仔细分析应该如何代入题目。如果文章的开头与题目的联系性不强,则会给读者一种突兀的感觉,这样就不会给读者留下比较好的第一印象了。

2. 理论分析:提出独特、新颖的观点

仅仅有一个好的起笔是不够的,因为它难以实现持续吸引读者的目的。况且,只有好的起笔的文章,也算不上是高质量的文章,自然也就难以成为爆款了。一篇高质量的文章还需要有一个好的理论。理论是

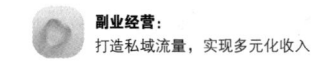

写作者的思想、观念，乃至价值观的体现，也是一篇文章与其他同类文章的区别所在。

对于同样一则素材，不同的写作者可以从中找到不同的切入点，分析出不同的理论，或者是选用不同的理论来分析它。显然，不论是不同的切入点，还是不同的理论，都会带给读者不一样的感受。在这些不一样的感受中，有些是读者所追求的，而有些则属于大众视角，是很多写作者都能想到并且也都会写到的。

读者每天会面对各种各样的文章，在这些文章中，有绝大多数都是从大众视角来分析素材、呈现理论和观点的。这种平淡无奇的文章，很难吸引读者的注意力。因此，要想打造出爆款的文章，就应该在写作时从不同的角度去分析素材，得出新颖的理论和观点。

3. 案例分析：支撑理论的依据

理论是抽象的东西，我们需要为其寻找一些支撑的依据，这个依据就是案例。案例越典型、越真实，就越能得到读者的信任。此外，我们还要保证案例与文章中所要阐述的理论之间具有极强的相关性，否则就会有生搬硬套，甚至多余之嫌。

4. 衔接：形成紧密的关系

理论与案例都是文章的组成部分，但是它们之间并非是一种相互独立的关系。那么，如何使得理论与案例紧密联系起来呢？这就需要一个恰到好处的衔接了。看似毫无关系的理论与案例，经过衔接内容的牵引，彼此之间就形成了一种紧密的关系。

5. 收尾：对题目进行总结

做任何事情都要有始有终，写文章也是如此。一个引人入胜的起笔，能给读者留下深刻的第一印象，而一个恰到好处的结尾，则能让读者回味无穷。所以，一篇爆款的文章必定是一篇有始有终的文章。而且，它的结尾绝不是敷衍了事、匆匆结束的。因此，我们还需要对文章的结尾进行分析，同时也可以参考其他文章的处理方法。

7.1.3　平台定位：选择适合自己的分发平台

文章质量再高但是没有做好分发，就无法让别人看到，那么也就没有什么意义了。所以，我们除写作外，还需要重视分发。分发首先要考虑的就是如何选择分发平台，这会在很大程度上影响文章的阅读量和点击率。所以，我们一定要擦亮双眼，选择一个适合自己的分发平台，使文章的价值以及自己的收益实现最大化。目前，比较常用的分发平台有 QQ 和微信公众号。

1. QQ

现在的年轻人身上普遍存在的一个问题是精神压力比较大，需要适当的娱乐活动来进行排解。而 QQ 凭借其自身娱乐价值承担起了这个责任。因为 QQ 的目标群体是年轻人，所以比较适合分发有关游戏、美妆、动漫、明星等类型的文章。

张雯是一个业余写作者，她将自己的护肤心得和护肤产品测评整理成文章，发布在 QQ 空间上，如《学生党必须知道的护肤知识点》《推荐一些值得收藏的化妆品店铺》等。由于她的文章有创意、有个性，文笔也十分流畅，所以点击量很快就达到了百万级。

QQ 具有比较强的互动性，如果我们将文章发布在上面，那么大家可以随意转发、评论或分享。这样有利于使文章得到更广泛的传播，也可以吸引更多的潜在读者。所以，对于写作者来说，QQ 也算是一个比

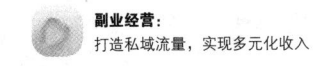

较不错的分发平台，可以带来一定的收入。

2. 微信公众号

微信公众号自带社交属性，并且微信、朋友圈可以为其提供充足的流量。此外，微信公众号的自动回复、赞赏、群发、订阅、数据统计、在看等功能也是其他分发平台所不能匹敌的。从这方面来看，微信公众号在分发和传播信息方面的实力是比较强大的。

如果我们在微信公众号上发布文章，那么一定不能"三天打鱼，两天晒网"，这样会给读者一种有始无终的感觉。还有就是要写出高质量的文章，以便激发读者的分享欲望，达到推广的效果。对于写作者来说，利用微信公众号做分发还是比较有利的。不过要想取得好的结果，应该以不变应万变，不断提高文章的价值和质量。

除了QQ和微信公众号，今日头条、百家号、搜狐、一点资讯、微博、百度贴吧、知乎、简书、博客、豆瓣、天涯、笔记侠等也都是不错的分发平台，我们可以根据文章的定位和类型进行选择。此外，在选择分发平台时，我们需要注意以下几点。

（1）分发平台的目标群体应该与文章的目标群体一致。

（2）兼顾独立型的分发平台与综合型的分发平台。将文章同时发布到这两种分发平台上可以起到互补的作用。例如，在独立型的分发平台上吸引目标群体阅读文章，然后通过综合型的分发平台优化传播效果。

（3）不要将文章发布在多个同类的分发平台上。一般来说，同类的分发平台之间存在着竞争关系，他们所竞争的就是高质量的文章。一篇文章能否得到有效的传播，一方面依靠其本身的质量和团队的运营，另一方面也依靠分发平台的推荐。在同类的分发平台上发布文章，由于受众过于分散，因此很难得到分发平台的重视。

7.1.4 不断提升：长期坚持写作

坚持是一个非常可贵的品质，这个品质也是写作者应该具备的。为了赚取更丰厚的收益，有些写作者付出了不懈的努力，并且进行了至少几十万字的写作练习，直到能够写出让自己和读者都满意的文章。

李静宇是一个刚刚进入写作领域的业余写作者，因为缺少经验，文字功底也不是很好，所以她每天都会用 3 小时的时间去阅读并写出长达几千字的读后感。此外，李静宇还关注了很多传授写作技巧的微信公众号，通过学习来不断提升自己的写作水平。

罗振宇说，"一个简单的动作，做一次，很简单，做两次也很简单，但是坚持下来就很难了，而他所积累的能量就不得了了。"确实，写作本身可能不是什么难事，但是如果坚持 10 年，甚至 20 年，那么肯定能从中得到一些什么。

对于写作者来说，坚持固然重要。但是在坚持的同时，我们也需要为自己的文章打造辨识度。每个写作者的风格以及其身上的标签都是不同的，要想让读者留下深刻的印象，并获得读者的支持和认可，就必须有较高的辨识度。

现在是发扬个性的时代，那些可以让读者一眼就辨识出来的文章比较容易被记住。例如，胡辛束最初凭借《我心中的10%先生》一书被读者所知，之后又发行了个人作品集《我想要两个西柚》，并获得了真格基金、逻辑思维的天使投资。

当时，胡辛束的身价已经达到了 3000 万元，其内容的一个最大特点就是"贩卖少女心"，而且植入广告的方式也独具特色，辨识度很高。这样一来，胡辛束就可以渐渐在读者心中形成一个十分具体的个性化形象了。

有一句话说得很好，"梦想还是要有的，万一实现了呢"。打算将写作作为副业的人们，一定要抱着这样的信念坚持下去，要相信自己总有一天会成功，即使没能成功，这段经历也会成为人生中非常宝贵的财富。

7.2 技能提升：提升写作专业性

如今，写作领域的红利正在逐渐减少，互联网的发展以及读者需求的变化也使其门槛在进一步提高。因此，如果写不出高价值的文章，那么将很难在这个领域上立足。对于副业经营者来说，排版精良、内容充实的文章才可以俘获读者的"芳心"。

面对如此严峻的挑战，我们应该怎样做呢？其中的关键就在于我们要提升写作的专业性，掌握写好杂志文章、软文的方法和技巧。

7.2.1 如何写好杂志文章

无论是一首优美的曲子，还是一场精彩的电影，都需要具有极强的吸引力。同样的道理，一篇优秀的文章，只有足够出彩、足够好看，才可以吸引读者。那么，我们怎样才能写出一篇符合杂志要求的文章呢？

其实比较简单，就是在自己的文章中植入一个或两个扣人心弦、妙趣横生的故事。这是目前比较流行的写作方法，也是在杂志界立足的"杀手锏"。在实际操作时，我们需要从以下几个方面入手，如图 7-3 所示。

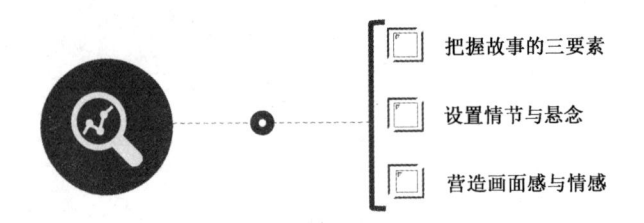

图 7-3 在文章中植入故事

1. 把握故事的三要素

故事有三要素：即冲突、行动和结果。李亚飞曾经将自己的文章刊登在杂志上，其中有这样一个故事：

当初，整个行业都面临着严峻的挑战，如产能过剩、竞争激烈等，我们公司也没能幸免，最困难时甚至都无法按时给员工发放工资。但是，这么多员工需要养活各自的家庭，我也想要实现自己的梦想，所以我必须迎难而上，找到新的出路。于是，我和员工团结在一起，大家纷纷献计献策，最后，通过对资源配置进行优化、淘汰落后产能、设计研发高端产品，让公司重新焕发了生机，获得的盈利也比之前更加丰厚了。

在上述故事中，既有冲突，又有行动，还有结果，三要素全部具备。员工和老板的需求是渴望，行业面临的挑战是障碍，二者共同构成了冲突；对资源配置进行优化、淘汰落后产能、设计研发高端产品是行动；公司重新焕发了生机，获得了更加丰厚的盈利是结果。可以说，李亚飞深谙讲故事的道理。

2. 设置情节与悬念

在设置情节时，从细微之处着手。例如，故事中涉及了饮料，那我们就可以说大家比较熟悉的品牌如可口可乐或雪碧；涉及了企业家，那我们可以提到任正非、李彦宏等。总之，故事越真实、越特定化，就越能获得听众的支持和理解。另外，尽量选择一些读者比较熟知的事物。

例如，你要讲去餐馆吃饭的故事，选择大众熟知的北京全聚德就要更好一些。

再来说说悬念。我们应该采用倒叙的形式，即先把结果展示出来，让读者带着好奇心去阅读下面的内容。一个有悬念的故事总是包含各种各样的问题。所以，在讲故事时，尽量多抛出一些问题并予以相应的解答，这有利于提升悬念的效果。

3. 营造画面感与情感

一个好的故事不仅要具备画面感，还要体现情感。在营造画面感时，我们最好选择之前没有使用过或者很少使用的语言，这样会让读者有一种新鲜感，此外，我们也可以把抽象的数字转换成具体的、可感知的画面。

在故事中加入情感可以引起读者的共鸣和认同，营造情感的最有效的方法是讲述自己的经历。通常来说，一个相同或者相似的经历总是能引起人们的共鸣。这也就意味着，如果写作者在文章中加入自己的经历，就可以让读者产生同理心，从而将文章分享给他们的朋友。

每一种杂志都有相应的投稿细则，即使是故事性比较强的文章，也不一定能被刊登。因此，我们必须对文章中不合格的内容进行及时修改。一般情况下，如果不是价值观、政治观等方面的问题，就不必做大范围的修改，所需要的时间也不会很长。当然，为了提高文章被刊登的概率，我们最好在写作时就规避那些问题。

7.2.2 零基础写软文

软文是互联网营销下的产物，通常以故事、道理、观点等来推广某个品牌或产品。软文的利益来源于品牌或产品的持有者。例如，你为某一个淘宝商家写了一篇软文，他就要给你支付相应的稿酬。在这个过程中，你只需要将写好的软文交给商家即可。

现在，微博、资讯网站、微信公众号中都存在着大量的软文，其分布范围可谓是非常的广泛，所以需求也比较大。但是，对于写作者来说，完成一篇软文并没有那么简单。除了要不断去寻找品牌的优势和产品的卖点，还要想着如何将其与内容巧妙地结合在一起。

一般来说，有一定文字基础、文笔比较好的人适合将写软文作为副业，他们创作出来的内容将更有吸引力，推广效果会更好。如果将软文写得一塌糊涂，文字不通畅，毫无逻辑和重点，那么读者读到一半就会退出来，所以很难起到推广的作用。

阿里巴巴曾经有一篇让人脑洞大开的软文——《梵·高为什么自杀》，在当时甚至被称为广告界的神话，引得人们竞相模仿。这篇软文非常值得研究，因为标题就设置得极富悬念性，有让读者继续读下去的欲望。大多数读者都会好奇：梵·高到底为什么自杀，要知道，这个问题就连历史学家也一直未能给出准确的答案。

阿里巴巴的软文以"梵·高为什么自杀"为切入点。首先对外界认为的梵·高因为精神错乱而自杀进行了否定；接着结合梵·高一生的经历及其作品，深入分析其自杀的原因，并借此将读者带入了理财圈；最后在读者已经陷入了"圈套"后，又突然改变画风，来了一个180°的大转弯，道出了这篇软文的最终目的——"可惜当时没有支付宝"。

《梵·高为什么自杀》推出以后，得到了广泛的传播。与此同时，支付宝也从一个默默无闻的新生事物一跃成为一款火爆的理财支付工具了。这篇软文无疑是一篇高质量的软文，因为它产生了实实在在的转化率。通过这篇软文，支付宝被公众所熟知，用户数量节节攀升。

通过《梵·高为什么自杀》这个案例可以总结出，软文要么不写，要写就得写出新意、写出质量。此外，因为软文重在推广，所以可以适当使用一些网络用语，避免出现语言过于生硬、死板的情况。而且软文虽然是为广告而创作的，但广告的出现不能太突兀。我们需要层层推进地介绍所要推广的品牌或产品，这样更容易让读者接受。

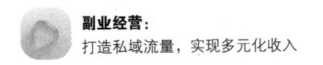

7.3 写作线上培训

随着互联网的不断发展，线上培训已经形成了一种潮流。线上培训能够汇聚大量的有效信息、传递更多的知识，而且学员可以自由选择时间和地点，也可以自行把握进度。借着线上培训的东风，写作线上培训成了一项受人追捧的副业。

在进行写作线上培训时，我们需要搭建良好的学习体系，积极培养自己的能力，包括表达能力、逻辑思维能力等。此外，我们还需要采取一定的措施以确保学员有良好的自觉性，从而促进培训效果的优化。

7.3.1 个人标签设定

写作是个性化的，每一篇文章都会透露出写作者的思想和价值观。因此，做好写作线上培训的一个重要环节就是帮助学员找到正确的思想和价值观，即个人标签。一般来说，我们可以根据兴趣去帮助学员选择个人标签，如，喜欢星座的学员可以将"星座测评博主"作为个人标签、喜欢旅游的学员可以将"景点探秘者"作为个人标签。

不过，兴趣只是外在的体现，真正可以让文章获得广泛传播的是背后的思想和价值观。可见，除了兴趣，我们还要教学员如何把思想和价值观总结为个人标签，具体可以从以下几个方面入手，如图7-4所示。

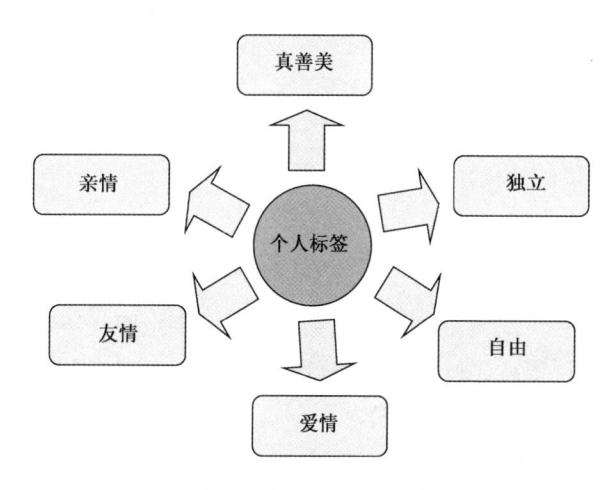

图7-4 基于思想和价值观的个人标签

手机、电脑上有各种各样的文章，包括讲述爱情和亲情的、彰显自由和独立的。这些文章总是能在某些方面给予读者触动。在帮助学员设定个人标签时，我们应该把上述几个方面明确下来，即是要往亲情、友情、爱情的方向还是要往真善美、独立、自由的方向写作。

如果你的学员恋爱经验丰富，在爱情方面有独到的见解，那么就可以让他（她）写一些爱情类的文章，为迷失在爱情之路上的读者指引方向；如果你的学员家庭和睦，生活中充满了"小确幸"，那么就可以让他（她）用文字或者视频的方式将其记录下来，并进行分享。

在明确了个人标签以后，就应该让学员根据他（她）自己的个人标签进行写作。不过，我们还需要提醒学员，在写作时虽然有自由发挥的权力，但是这个权力应该控制在正确的思想和价值观的框架中。如今，社会的主流是向善的，将文章定位在这样的思想和价值观的基调上才

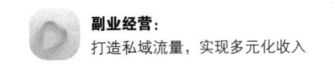

可以引起读者的共鸣。每一位学员都应该摒弃情绪化、阴谋论、低俗的垃圾内容。

此外，独特、个性也是可以传授给学员的个人标签。要想突出这个个人标签，需要注意三个要点。

第一，在写作时要有固定的方向，不要今天写体育类文章、明天写旅游类文章，这样会影响读者的黏性。

第二，要让学员选择还没有人涉猎，或者还没有人做得好的主题。就像"同道大叔"和"papi酱"，一个是在星座尚未发展起来时"激流勇进"；一个是抓住了吐槽类内容的"蓝海市场"。作为培训师，我们需要接受来自互联网的大量信息，对哪些主题是缺口应该有一定的了解。

第三，帮助学员设计一些有个性的语句和版式风格。例如，"十点读书"从文字大小、颜色和配图以及排版等方面都展示出了自己的个性；还有前段时间人民网官方微博以独具特色、个性十足的配图被推上了热搜榜，获得了极大的关注。

在内容碎片化、时间碎片化的互联网时代，要是没有个人标签，就很难给读者留下深刻的印象。因此，如何将个人标签设定的既符合学员本身的特性，又能产生实际的效果便成了一个关键的问题，我们可以利用上述技巧将其有效地解决。

7.3.2　培训流程设计

通过培训，学员可以学习到与写作相关的必备技巧，从而提高自身的写作能力和知识水平。对于新手学员而言，培训有利于使自己尽快适应并胜任写作这项工作；对于有一定基础的学员而言，培训是一个不断学习知识、提升个人价值的过程。

在进行培训时，我们首先需要设计培训流程，具体步骤如图 7-5 所示。

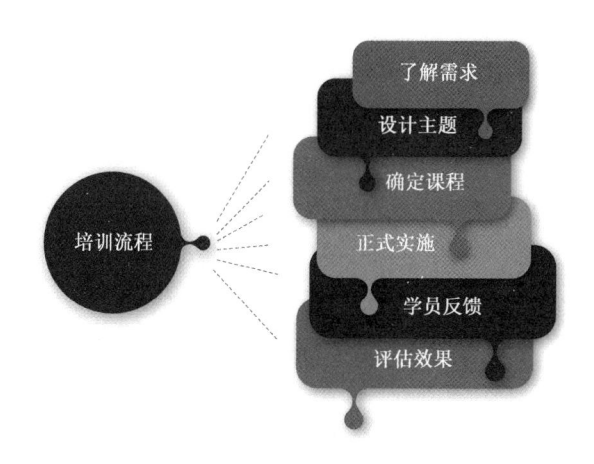

图 7-5 培训流程的步骤

1. 了解需求

在正式培训之前，我们的首要任务是了解需求、发现问题。这里所说的需求包括学员需求和市场需求。其中，学员需求主要是学员根据自己的写作规划，对技能提升等方面提出的需求；市场需求是根据写作行业的现状和发展趋势推断出来的需求。通过对需求的了解，我们可以"对症下药"，使培训更具有针对性。

2. 设计主题

我们需要选择合适的策略，对学员进行系统的考察和分析，深入探究其在写作上存在的问题，并据此设计主题。在对学员进行系统的考察和分析时，我们可以采用问卷调查法、访谈法、观察法和经验分析法等。只有对学员的情况进行深入的了解，才可以有的放矢地开展培训。

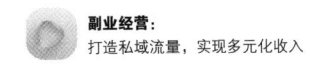

3. 确定课程

课程是培训的主题，即通过对某一个目标进行学习与探讨，使学员得到素质方面的提升，从而更好地进行写作。要确定培训的课程，必须找到重点，设立明确的目标。课程需要符合学员的实际现状，而且还应该具有很强的可操作性。

此外，针对不同的学员，课程的侧重点也应该有所不同。例如，如果学员写作基础比较薄弱，那么我们就应该将培训的重点放在传授写作知识、加强写作练习等方面。这样才能够更好地将培训转化为真实的效果，提高学员的写作效率。

4. 正式实施

在实施培训开始之前，我们应该安排好时间和后勤人员、准备好所需要的资料。此外，我们还应该向学员发送通知，并向其确定是否可以参加培训。如果有学员因个人原因而无法参加培训，那就可以将名额让给其他学员。

5. 学员反馈

在培训的过程中，我们需要时刻关注学员的学习状态与进度，并根据学员的反馈及时调整课程、优化内容，以此来提升培训的效果。

6. 评估效果

培训结束以后，应该重点关注培训的效果。毕竟学员投入了大量的精力和时间，如果无法为其带来能力上的提升，那么很难使其信服，甚至会影响培训副业的发展。在评估培训的效果时，可以从文章质量、写作速度、素材数量等方面入手。

7.3.3 学员互动技巧

借助互联网方面的优势，我们可以通过线上培训打造出更有吸引力的场景，让学员有身临其境的感觉。在这个过程中，我们可以与学员进行互动，例如，举办写作大赛，或者邀请优秀学员分享自己的文章、召开写作技巧交流会等。如果想让互动的效果更好，那么我们还需要注意以下几个方面的内容，如图7-6所示。

- 借势热门事件
- 考虑趣味性
- 为学员发放福利
- 认真回答学员的问题
- 提高课程的质量

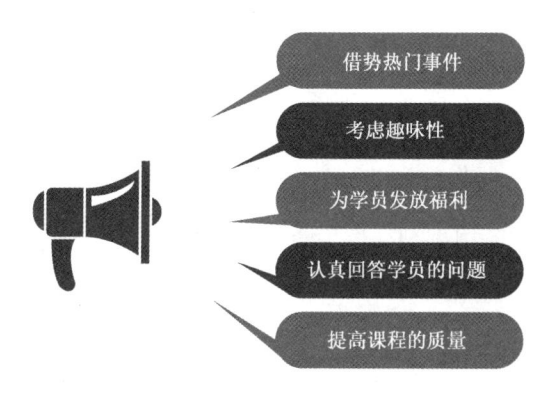

图 7-6　学员互动技巧

1. 借势热门事件

借势热门事件是不容易出错的做法。我们可以在授课的过程中，适当的与学员讨论一下热门事件，或者也可以让学员针对热门事件写一篇文章。例如，前段时间电视剧《三生三世枕上书》特别火爆，里面的男女主角也获得了广泛的关注。我们就可以针对这部电视剧举办一场写作大赛，以增强学员的参与感。

2. 考虑趣味性

趣味性比较强的课程会更容易受到学员的喜爱，学员也愿意加入互动中。因此，我们应该从趣味性的角度考虑，不断提高自己的幽默感，以此来激发学员的积极性。例如，与学员分享和写作相关的搞笑故事，

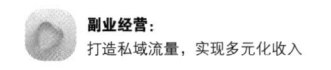

将课程变成"全民狂欢活动"。

3. 为学员发放福利

比较常见的福利包括礼品、现金、荣誉证书等。通过发放福利，可以增进培训师和学员之间的互动，也可以帮助培训师迅速积累人气。例如，让学员将自己的文章发布在微博、微信等社交平台上，谁获得的点赞数量最多，谁就可以获得一份文具大礼包。对于培训师来说，这样既能够以较低的成本获得较好的推广效果，也有助于打造"为学员谋福利"的形象。

刘洋是一位写作培训的副业经营者，平时，她利用线上的方式为学员讲述写作课程。由于刘洋的语言表达能力和写作能力都非常强，而且她本人十分幽默、有趣，所以没过多长时间，她的课程就吸引了上千位学员，获得了丰厚的收入。

因为在授课的过程中经常与学员互动，所以刘洋在微博上已经拥有了3万多名粉丝。有一次，她举办了一场名为"谁的文章最出彩"的活动。活动当天，到场的学员都非常热情，纷纷将自己的文章发布出来，供大家欣赏和评判。通过这场活动，刘洋和学员建立了更紧密的关系，这些学员也开始自愿为刘洋推荐新的学员。

4. 认真回答学员的问题

每个学员在学习的过程中都可能遇到问题，帮助他们解决问题是加强互动的最简单的方式。这样做不仅有利于提升学员的学习效果，还可以优化培训师"接地气""有趣""严谨""用心"等的形象标签。

5. 提高课程的质量

写作线上培训课程变得越来越常见，在这种情况下，只有不断提高课程的质量，才有机会脱颖而出，获得学员的青睐。一节精心设计的课程往往能够传达出最实用、最全面的内容，所以我们需要提前做好充分的准备，把要讲述的知识和技巧熟记于心。此外，借助互联网，学员可以和培训师即时互动，也可以进一步拉近二者的距离。

如果是通过直播的方式进行线上培训，那么学员还可以借助发送弹幕或者评论课程内容的方式与培训师进行交流。也就是说，直播让学员从一个单纯的观看者变为一个参与者，从而提高了学员的积极性。对于培训师来说，这种强大的互动性无疑会带来更好的效果，如提升培训效率、增强学员黏性等。

第 8 章

社交电商：副业新风口

从本质上来说，社交电商是营销模式与销售渠道的一种创新。社交电商以庞大的目标群体和大规模的流量为基础，利用人脉网络将用户集合在一起，通过大范围的推广带动销售，进而实现获客和变现。

在经济快速发展的时代，消费者的需求、市场的环境都发生了变化，社交电商的作用也越来越明显。不仅如此，社交电商对人、货、场三者的关系进行了重新定义，通过打破场景的界限，降低了商业流通成本，从而提高了交易效率。

副业经营：
打造私域流量，实现多元化收入

8.1 社交电商的崛起

随着移动互联网的发展，各种应用程序如雨后春笋般不断涌现，并且涉及生活、娱乐、购物等各个方面。在这些应用程序的助力下，人与人之间的交流和沟通变得更简单，这也促进了社交生态的进一步完善。

作为社交的新生力量，"95后""00后"等年轻人拥有庞大的消费空间，他们喜欢追求个性化、认同感，希望可以得到共鸣和相同的情感表达。而这些特性都具备非常强的社交属性，这也为社交电商的发展奠定了坚实的基础。

8.1.1 社交电商：电商的升级版模式

在互联网逐渐形成规模后，很多人从中看到了商机，纷纷做起了电商。而如今，消费领域的互动变得日益重要，做电商的这些人再度从中看到了商机，开创了社交电商这个新模式。对于副业经营者来说，社交电商是一个不容错过的副业项目。

1. 突出品牌文化

过去，销售的核心往往都集中在产品本身。产品的相关广告也总是想要通过激烈的声音和唯美的画面来刺激用户的感官，从而激发用户的购买欲望。随着社交电商的发展，传统形式的广告逐渐被走心的内容所取代。

社交电商注重内容的打造，它要传递的是品牌文化，它所针对的用户基本是年轻群体。这些用户接受新事物的速度快，所以要想使其真正认可和喜欢某一个产品，必须在较短的时间内为其展现出包含品牌文化的内容。

社交电商所体现的内容最关键的一点就是真实，纵观在网上引起巨大关注的内容无一不具备这个特点。内容的真实不仅仅是根据真实故事、人物改编的，更重要的是其具有情感。很多时候，内容中的情感越真实，也就越能获得用户的青睐。

2. 将选择权交给用户

社交电商在不断发展，越来越多的副业经营者都涌入了这个领域。因此，这个领域也开始从卖方市场转向买方市场。目前，社交电商已经将选择权交到了用户手中。为了能够从同类的产品中脱颖而出，我们必须引起用户的共鸣，俘获用户的"芳心"。

对于社交电商来说，内容不仅可以体现产品，也可以与用户建立连接。各种各样的平台都可以作为副业经营者与用户之间进行社交的通道。通过内容的展现，副业经营者可以向用户传递品牌文化，而用户则会在浏览后购买相关产品。

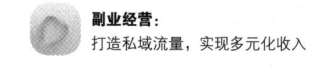

3. 注重信息传播

一个产品要被更多的用户注意到，必须扩大其传播范围。在输出内容后，副业经营者如果想得到良好的推广效果，那么主要应依靠用户进行分享。图 8-1 所示为淘宝网店铺的用户分享功能。

图 8-1　淘宝网店铺的用户分享功能

淘宝网店铺聚集了总量相当可观的用户，他们在购物时很可能用到分享功能，这个功能是非常便捷与强大的。淘宝的很多界面都设有分享按钮，以便用户随时与自己的好友进行分享，将产品推荐给对方。而且，这个功能几乎覆盖了所有常用的社交软件，使得用户可以随意选择，从而取得较好的传播效果。

分享与传播是和用户建立关系以后，通过用户的人脉再度与其他用户建立关系的一个过程。这个过程以网状式向外扩散，使得每一个在社交圈里的用户都成为潜在的消费者。副业经营者如果在社交电商中抓住了机遇，那么就可以获得巨大的经济回报。

8.1.2　如何运营：社交电商运营模式探索

相关数据显示：2020 年，社交电商的市场规模突破万亿元，而且未来3年将有更加广阔的发展空间。随着技术的不断进步，社交电商充分满足了用户多层次、多样化的需求，并在激发消费潜力方面发挥了关键作用。面对如此可喜的态势，我们要想入局社交电商，就必须掌握其运营模式，如图8-2所示。

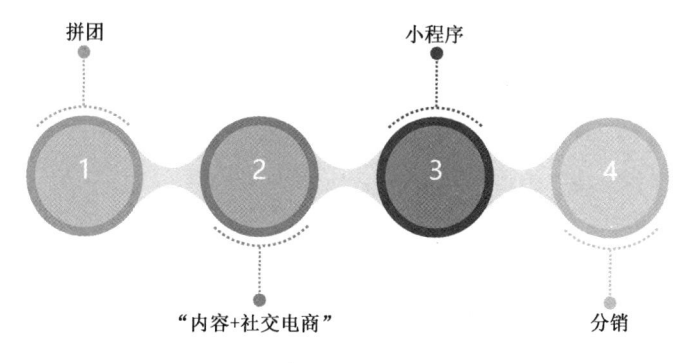

图8-2 社交电商的运营模式

1. 拼团

提到拼团模式，拼多多显然是社交电商领域的大赢家。自正式上市以后，拼多多积极布局发展战略，用户的忠诚度大幅度提升。此外，拼多多还推出"品牌馆"，与网易、国美、苏宁等多个品牌合作，希望可以向品质消费导向转型。

拼多多的拼团运营模式有一定的优势。例如，价格低廉，可以有效刺激消费；鼓励用户与他人进行拼团，有利于实现裂变效应。除了拼多多，京东的拼购小程序、每日生鲜的每日拼拼等也都属于拼团模式，它们为社交电商增添了生命力。

2. "内容+社交电商"

小红书、蘑菇街、抖音等属于"内容+社交电商"的运营模式。以小红书为例，该平台以高质量的内容为依托，邀请明星、KOL（关键意见领袖）、网红入驻，引爆粉丝经济，增加用户黏性。很多时候，小红

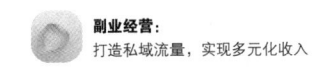

书就相当于购物指南,其营销策略是通过达人推荐产品以增加用户的信任感,从而引发用户的购买行为。

3. 小程序

依靠着微信这棵"大树",小程序自带社交属性,可以通过人脉网获得裂变式的爆发,将社交与电商无缝衔接在一起。前面提到的拼团和"内容+社交电商",都可以借助小程序来实现。其中,拼团有利于用户下沉,"内容+社交电商"可以提升用户的忠诚度。

4. 分销

分销有利于产品的传播和裂变,能够以比较低的成本实现拉新和转化。对于分销来说,用户的人脉网非常重要。其本质是利用背书行为,使产品快速渗透和推广到用户的社交链条中,从而不断促进产品的销售。

悦味是一家专注于厨具研发和创新的公司,其主打产品是"元木"系列。在为该系列的产品做宣传时,悦味发布了一则视频并大获成功。在发布当晚,这则视频就收获了 248 万次的播放量和 440 万次的访问量,为悦味带来了非常不错的销售成绩。

悦味之所以能够取得成功,是因为其采取了"内容+社交电商"的运营模式,使得用户在趣味性的内容中体会到了品牌所包含的价值观,从而对其产生认同感。如今,大部分的用户已经越来越习惯在观看短视频后再去寻找同款产品进行购买了。未来,文字、短视频、直播等内容与电商之间的关系将越来越密切。

此外,一些依靠内容起家的副业经营者为了赚取更多的收益,也在探索社交电商的道路,希望可以打通消费渠道。例如,快手软件中依靠工地健身短视频火起来的"搬砖小伟",便在快手软件的个人页面放上了一个微信公众号的链接,通过微商销售运动鞋,以此来实现盈利的目的。

此外,各大平台也开始寻求建立社交与电商之间的桥梁,以实现共赢。例如,淘宝网推出了"淘宝二楼"的营销策略,即每天晚上 10 点钟上线《一千零一夜》《夜操场》等系列剧,其精美的制作和颇具创意的策划广受好评,并实现了许多"小众"商家的销量暴涨。

"美拍"平台也为一些大 V 推出了"边看边买"的功能,用户可以对这些大 V 推荐的产品进行下单操作。这样就对传统的电商进行了创新,简化了购物流程,进一步提高了用户的消费效率,从而达到了促进销售的目的。

可见,社交电商是有固定的运营模式的,我们必须在对其加以了解的基础上再不断实践,这样才能避免出现赔本的情况。此外,我们要想通过社交电商实现变现,也要注重内容的塑造,即通过高质量的内容来激发用户的分享欲望,从而扩大宣传范围。

副业经营：
打造私域流量，实现多元化收入

8.2 如何做好社交电商

在短视频、直播不断发展的时代，社交电商逆向增长，获得了大量的用户和巨额的资本，很多副业经营者都想抓住这个风口。那么，究竟应该如何做好社交电商。第一，要选择合适的平台和产品，做好定位；第二，坚持内容为王，创作优质的内容；第三，做好社群营销，拉近同用户之间的关系。

8.2.1 明确定位：确定平台和产品

"Delicious 大金"是一个知名的微博博主，拥有超过 400 万名粉丝，同时她也是一个淘宝店铺的店主。为了获得盈利，她将这两个平台有机结合在一起，利用微博为淘宝店铺做引流，使产品的转化率比之前提高了近 1 倍。她的粉丝非常支持她的生意并且为她带来了丰厚的销售收入，同时也使她的知名度和影响力都得到了提高。

"Delicious 大金"所做的就是社交电商的一种，她将微博和淘宝网作为平台，主要销售女性服装。因此，我们要想像她一样把社交电商做好，并获得粉丝的认可，关键就在于要明确定位，即确定平台和产品。

除了微博，微信也是一个不错的平台。"最生活"是由雷军投资的一个品牌，主要产品是毛巾。最初，该品牌把大部分精力放在了如何做出好毛巾上面，然后通过小米、淘宝网等平台将毛巾销售出去。

后来，为了追随社交电商的热度，"最生活"设立了微信公众号，并取得了不错的效果。例如，"最生活"曾经依靠一篇推文实现了一晚上毛巾销售量达到 5000 条的好成绩。这样的好成绩着实给了"最生活"一个巨大的惊喜。在此之后，该品牌就开始朝社交电商的方向发展，并将其作为战略的重心。

还有"小小包麻麻"，其在刚刚成立时的目标是解决"0 至 8 岁孩子妈妈的焦虑"，目前已经涉足了社交、内容、广告、电商等众多领域。"小小包麻麻"销售的虽然并不都是知名品牌的产品，但是其有强大的信任保障，而且服务也非常到位。无论用户提出什么样的问题，他们一定会尽全力去解决。

"差评"是一个涉足微信公众号的社交电商，其十分注重产品的质量，以及产品本身与微信公众号的契合程度。"差评"用了大量的时间和精力去了解用户的真正需求，然后选择符合这些需求的产品在平台上进行销售。

经过一番深思熟虑，"差评"决定主打科技类产品，尤其是有新意、有特色的科技类产品。与其他社交电商不同，"差评"并不看重产品的品牌名气，更多的是看重产品是否与用户的需求相匹配，以及产品是否可以给用户带来信任感。

对于想入局社交电商的副业经营者来说，确定平台和产品非常重要。在平台方面，应该选择用户基础雄厚、影响力比较大的，如淘宝网、小红书、抖音、微信等；在产品方面，应该关注用户的需求，以及生活中存在的痛点，当然还需要考虑性价比。副业经营者做好社交电商的定位以后，就可以着手进行内容搭建工作了。

8.2.2　内容为王：社交电商内容搭建

目前，社交电商的发展宗旨是"内容为王"。像小红书、抖音上比较火的红人，都输出了高质量的、有吸引力的内容。对于刚刚开始经营副业的新手来说，了解如何创作适合社交电商的内容非常重要。在解决这个问题时，应该把握以下五个关键点，如图8-3所示。

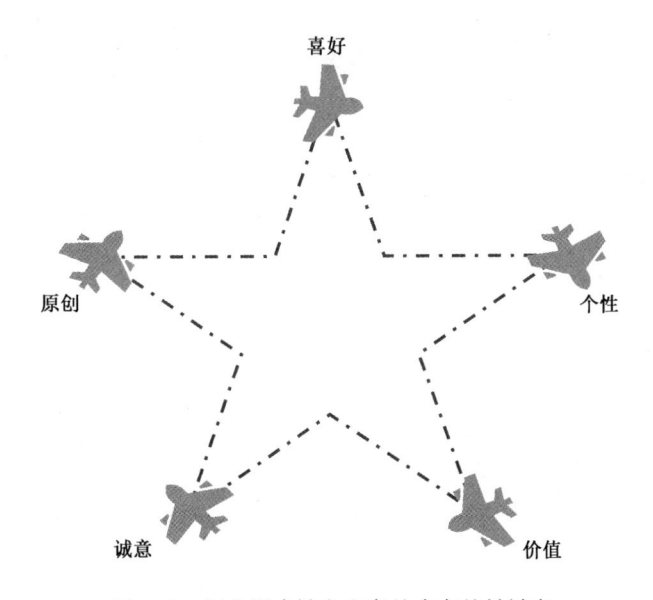

图8-3　创作适合社交电商的内容的关键点

1. 喜好

今日头条的口号是"你关心的，才是头条"，这个口号在创作内容时是非常实用的。与天天只知道工作和游戏的宅男、宅女们谈旅游，他们能有兴趣吗？与一个"以食为天"的美食家谈如何节食，他会喜欢吗？

与一个"事不关己,高高挂起"的普通百姓谈国家新政策,他会看吗?就是这样的道理,如果我们创作的内容都是目标群体不关心的,那么即使内容质量再高,也不会有好的效果。因此,我们应该根据目标群体的喜好去创作内容。

2. 个性

彰显出个性的内容会博得更多人的眼球。例如,讲到情绪爆发时,使用一些带有个人色彩的词语,向大家阐述自己最真实的感受。像"papi酱"的短视频就很有个性,但是会有人觉得她太夸张而不喜欢她。即使如此,"papi酱"依然坚持输出高质量的视频,因为有很多粉丝是支持她、认可她的,她需要为这些粉丝服务。

3. 价值

社交电商的内容通常以带货、推广为目的。要想达到这样的目的,在内容方面就必须有一些实质性的价值,例如,传授某一项技能、发表一篇美文从而让人们走出心灵的阴霾、教会人们如何提升能力等。因此,我们需要静下心来,认真搜集素材,整理语言,创作出有价值的内容。

4. 诚意

适合社交电商的内容其实不需要文字游戏和华丽的辞藻,而是需要感情朴实、真切,语句通顺、有条理。在创作时,我们可以表达自己的思想,为人们营造一种"一个活生生的人就在他们面前"的场景。内容够不够有诚意,粉丝是可以感受出来的。

5. 原创

社交电商虽然与自媒体有一定的区别,但是二者都推崇原创,这也是其能够长期立足于行业的秘诀。对于粉丝来说,原创的内容更有吸引

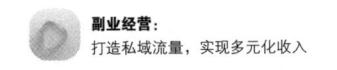

力，不过我们在创作时很容易陷入瓶颈。此时，我们可以去看看其他原创的内容，总结出一套自己的思路再进行创作。

对于创作社交电商的内容，我们需要把握以上五个关键点。在社交电商领域，内容是其核心竞争力。做内容首先要对得住自己的心，这样才有可能得到粉丝的心。在经营社交电商副业时，我们应该把重心放在内容上，将内容这把"剑"磨得锋利无比，这样才能在副业"战役"中占上风。

8.2.3 社群营销：社交电商营销的好方法

在社群发展迅猛的时代，很多副业经营者都希望构建一个有影响力的社群。在社交电商领域，社群同样可以发挥很大的作用，例如，社群营销有利于使产品和品牌得到广泛的传播。在社群营销方面，小米的做法就值得副业经营者学习和借鉴。

在从"粉丝经济"向"社群经济"转变的过程中，小米走的路并不算顺遂。在社群刚刚构建出来时，小米对其定位是"走群众路线"，致力于将用户参与感提升到极致。在用户参与感方面，小米确实取得了不错的成绩。那么，小米具体是怎么做到的呢？

在开发MIUI的初期阶段，雷军表示：我们要在不额外投资的情况下，让MIUI的用户达到100万名。于是，黎万强就利用论坛来给小米的社群做口碑，当时，他几乎无时无刻不在逛论坛、找用户，最后终于挑选出了100位非常忠实的"发烧友"，让他们亲自参与MIUI的设计和研发工作，而且还给他们取了一个非常有特色的名字——"100个梦想的赞助商"。

另外，雷军每天也会抽出一部分时间去浏览并回复微博上的评论。

当然，不只是雷军，他们的工程师每天也要回复大量的帖子。为了让用户有被重视的感觉，小米还特意给每一个回帖都设置了状态，这个状态可以展示出用户对意见的接受程度，以及回帖工程师的ID。

到了社群发展的中期阶段，小米不断加强自己与"米粉"之间的联系，希望可以和他们成为朋友。如果出现用户投诉的情况，那么小米客服可以按照自己的想法，给用户送上一些小礼物，如钢化膜、手机配件等，如果对方收下了礼物，就表示投诉基本上已经解决了。

小米还赋予了用户一项特殊的权力，即挑选出一部分用户组成"荣誉开发组"，让他们试用还没有正式发布的产品。这个做法可以让用户产生强烈的满足感和荣誉感，激发他们参与产品生产工作的积极性和热情。

另外，小米还会不定期组织一些线下活动，就像"同城会"之类的。在线下活动中，"发烧友"可以提前体验产品。这样做不仅增加了用户的黏性，还提升了用户的参与感。小米还积极回馈自己的"米粉"，特意为他们设立了一个节日——"米粉节"。

在"米粉节"期间，小米会发布新产品，还会对在售的产品进行促销，其促销力度非常大。因此很多"米粉"都会忍不住购买产品，引起产品的疯抢。通过"米粉节"，小米创造了不错的销售业绩，也让更多的用户成了"米粉"。

自从社群建立以来，小米就会定期或者不定期地组织一些活动，以便达到与用户互动的目的。可见，在做社交电商时，我们也需要重视互动环节，例如，在微博上进行抽奖活动，为粉丝提供小礼品或者代金券奖励等。

8.3 社交电商案例分享

现在，越来越多的社交电商开始涌现出来，在这种竞争渐趋激烈的情况下，为了促进自身的长远发展，以及避免产品的同质化，各家平台都积极应对并采取相关措施。作为社交电商的佼佼者，京东云小店、花生日记、淘小铺的经营战略非常值得借鉴和学习。

8.3.1 京东云小店：社交电商爆款

为了迎合时代趋势，京东开始布局社交电商，面向广大用户推出京东云小店。借助京东云小店，用户可以实现"0元一键开店"，从而获得一个轻松变现的新渠道。京东云小店的页面如图8-4所示。

京东云小店的开店方式是邀请制。具体来说，京东云小店会为通过审核并获得认证资质的用户发送邀请码。凭借邀请码，用户便可以在京东云小店实现"0元一键开店"。此外，其他用户也可从已经成功开店的用户那里获得邀请码，实现免费开店的目标。

图 8-4 京东云小店的页面

在京东云小店成功开店以后，用户不仅能够以十分优惠的价格购买产品，还可以通过微信群、朋友圈或者其他方式分享自己店内的优质产品，从而获得现金收益。目前，很多产品都可以通过京东云小店分享出去，用户也不需要解决发货、售后等问题。因为产生订单以后，该订

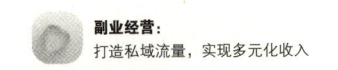

单会直接进入京东云小店的后台，由京东云小店直接发货。

京东云小店还有一个非常省心的功能：它可以通过智能推荐引擎为用户推荐更精准的产品，并将产品发送到微信群、朋友圈。该功能不仅实现了用户和产品的高度匹配，还让用户以极低的成本获得了丰厚的收益。

对于普通的副业经营者来说，选择京东云小店这样的社交电商平台进行副业尝试，无疑是一个非常稳妥的策略。通过京东云小店，副业经营者不仅能够获得购买折扣和分享收益等物质奖励，还可以获得粉丝管理技能和运营实践经验等非物质奖励。

传统电商的优惠活动、红人带货等策略虽然没有失效，但是已经不是当下刺激销量的最优选择了。而社交电商的大爆发正在不断刷新着市场对私域流量的认知。在社交电商时代，私域流量有巨大的发展潜力，让副业经营变得更简单。这也许就是京东云小店可以获得广泛关注，并让很多副业经营者纷至沓来的一个重要原因。

8.3.2 花生日记：社交电商领导者

与京东云小店相同，花生日记也是社交电商的一个代表性案例。经过3年多的发展，花生日记取得了不错的成绩，究其原因，主要包括以下几点。

（1）花生日记属于佣金裂变型的社交电商，社交性质更为明显。

（2）花生日记的目标群体是年轻女性，她们对价格十分敏感。因此，如果通过"自买省钱，分享赚钱"角度切入，那么可以突破她们对消费的犹豫心理。

（3）花生日记为阿里巴巴填补了"社交电商"这个薄弱环节，符合阿里巴巴的利益，可以获得阿里巴巴的支持和认可。

（4）相对于其他社交电商，花生日记不需要大量的投资，而且包括优惠券、消费佣金、粉丝提成等多项利润，分红情况公开、透明。

（5）推广的方式和渠道多种多样，如软文、H5广告、视频、海报等；而且推广渠道也非常多，包括微博、社区、贴吧、线下活动、自媒体等。

在花生日记中，一共有三个级别：普通用户、超级会员和运营商。如果从普通用户升级为超级会员，那么你不仅可以自己领券省钱，还可以通过将产品分享给自己的朋友赚取佣金；如果从超级会员升级为运营商，那么你领导的团队中的所有成员都可以领券省钱并赚取佣金，此时你的月收入将达到万元级别，甚至可能超过主业。

作为新手副业经营者，比较好的做法是借助分享产品获得收入，具体操作步骤如下。

第一步，你需要打开花生日记，选择自己喜欢的产品，并将这个产品分享到朋友圈。在分享时，你可以多放几张图片，并且同时转发到微信群里。

第二步，当你的朋友通过你分享的淘口令下单以后，你就能获得一定的佣金。如果你把自己的朋友发展成为超级会员，并且教会他们如何通过花生日记省钱，那么以后只要他们在花生日记上购物，你就可以获得相应的佣金。

目前，花生日记以超级会员和运营商为核心。二者可以通过花生日记的优势及营销工具的赋能，实现获客增量，建立起自己的圈层，释放

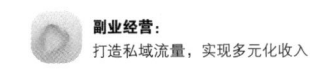

自己的商业价值。因此，如果副业经营者成了花生日记的超级会员或者运营商，那么将获得不菲的收益。

此外，花生日记主要在二三线城市布局，并且涉及母婴、家居、食物等多个品类。在面对其他社交电商的不良竞争时，花生日记坚持自我迭代更新，希望可以找到更好的突破口和发展路径。

未来，花生日记将以大数据、云计算、人工智能等技术为载体，融合多方资源，打造超级生活入口。在相关政策的支持下，花生日记会让副业经营者实现个人价值，并进一步降低商业流通成本，促进社交电商的健康发展。

8.3.3 淘小铺：人人可参与的社交电商

2020 年 1 月，阿里巴巴旗下的社交电商淘小铺结束试运营，正式上线。淘小铺开创了一种"人人可参与"的社交电商新模式，为一些年轻的副业经营者提供了赚取额外收入的渠道。零投资、不囤货、无押金是淘小铺的三大特点，这三大特点也吸引了众多副业经营者参与。

由于淘小铺正处于开发的初期阶段，因此机制方面还尚未成熟，但是这并不影响其吸引力和发展潜力。对于副业经营者来说，淘小铺具有以下几个方面的优势。

（1）现在，很多知名的品牌都已经入驻淘小铺了，这意味着，副业经营者能够通过分享这些品牌的产品获得收入，而且既不需要囤货，也不需要投资。此外，交易的整个过程只需要一部手机或者一台电脑就可以实现，十分简单、快捷。

（2）品类齐全，以批发价格进行销售。为了吸引用户下单，入驻淘小铺的大部分商家都以批发价格来销售产品。而且，这些商家的品类多种多样，不仅有国产产品，还有进口产品。所以，如果副业经营者将产品分享出去，那么该产品被购买的概率是很大的。

（3）在淘小铺中，每一款产品都附带分享链接。副业经营者只要将这个分享链接发送出去，就可能有其他人下单购买，这样，副业经营者就可以获得一定比例的提成。当然，如果是副业经营者自己购买店铺中的产品，那么同样也有返利。淘小铺采用的是"消费与赚钱合二为一"的战略，对于副业经营者来说，这样的战略极具吸引力。

（4）即使是没有经验的新手副业经营者，也可以到淘小铺注册开店。淘小铺会为其配置一名专业的导师，来指导其日常的运营工作。因此，依托淘小铺开展副业将非常轻松，不仅可以防范市场风险，还可以享受推广宣传方面的优势。

（5）如果你打算在淘小铺开店，那么不需要担心自己没有产品。因为淘小铺有完善的供应链，在货源方面具备强大的实力。只要你顺利接到并完成了订单，淘小铺就会为你安排所有的售后服务。除此之外，淘小铺还开设了商学院，里面有众多资深的电商大咖，为的就是让每一个开店的副业经营者可以学习到实用的知识。

（6）淘小铺会在运营模式、文案编辑、发货物流、售后服务等方面为副业经营者提供帮助。因此，即使是在缺乏开店经验的情况下，新手副业经营者还是可以快速上手的。淘小铺依靠阿里巴巴这棵"大树"，拥有超强的平台背书。

淘小铺其实与淘宝网、微商非常相似，只要你抓住了、把握住了、分享了，就可以收获一些有价值的东西。作为副业经营者，你能不能迎着这个风口不断前进，就看你有没有独到的眼光和智慧了。如果你有想法，那么就不要犹豫，去淘小铺做个老板有何不可？

第 9 章

副业实战：有计划才会成功

副业经营者在对所有条件进行审视并确定自己能够开展副业后，便进入了副业的实战阶段。在实战开始前，副业经营者需要记住：有计划才会成功。因此，副业经营者应当绘制自己的副业路线图，确保自己拥有完整的计划而不是一时冲动。

经营副业的过程往往不会一帆风顺，副业经营者需要提前做好心理准备，保持动力与热情。同时，及时复盘也是帮助副业经营者找出问题所在、调整发展战略的最佳方式。当副业经营者能够对各种情况的发生提前做出应对方案时，其距离成功也就不远了。

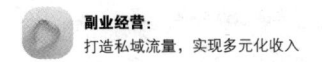

副业经营：
打造私域流量，实现多元化收入

9.1 绘制自己的副业路线图

副业经营者往往不会依靠一时的热情而取得成功，因此一旦明确了自己想要开展某一项副业后，就必须为此制订出完整的计划。对于副业经营者来说，从确定副业的目标再到实现副业的目标所经历的过程都需要考虑，并且必须确保自己能够按照计划逐步完成。

绘制副业路线图是正式开展副业之前必不可少的步骤，明确的计划以及强大的执行力是促使副业成功的重要前提。

9.1.1 用 SMART 原则定义副业目标

在确定了副业的大致方向以后，想要将其经营得更顺利，就需要从各个方面来对发展路线进行规划，并且要能够按部就班地去执行规划。因此，利用 SMART 原则来具体定义副业目标可以为副业经营者提供极大的帮助。

SMART 原则最初是为了让员工能够高效工作，并为管理者提供衡量标准而诞生的相对科学、公正的绩效考核原则。如果将该原则运用在副业目标的定位中，那么同样可以产生一定的效果。SMART 原则一共包含五大要素，如图 9-1 所示。

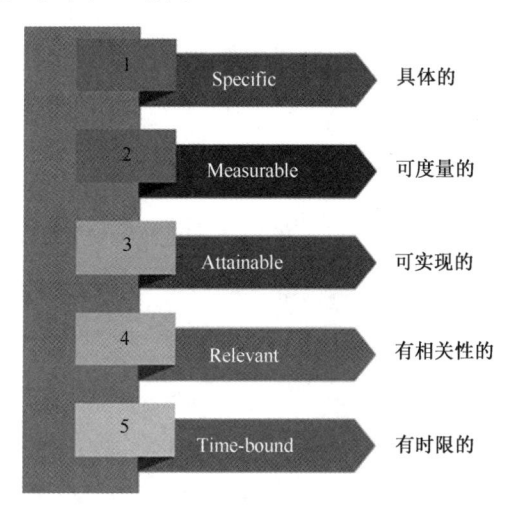

序号	英文	中文
1	Specific	具体的
2	Measurable	可度量的
3	Attainable	可实现的
4	Relevant	有相关性的
5	Time-bound	有时限的

图 9-1　SMART 原则的五大要素

1. 具体的

在决定经营某一项副业前，一定要进行定位。例如，王晓玲想将社交电商作为自己的副业，那么她在进行副业规划时就必须具体规划出她将出售的产品类目、面向的主要人群等。例如，她可以将自己的副业具体定位为：面向广大宝妈出售母婴产品的社交电商。

2. 可度量的

仅仅具体规划出副业的定位还不够，还必须让副业拥有一个可度量的标准。例如，王晓玲决定在淘宝网直播开展自己的社交电商副业，那么，"在淘宝网直播"就是一个可以度量的标准，能够让她在经营副业时有更加清晰的路线可以依循。

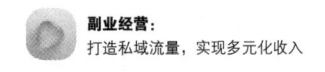

3. 可实现的

很多副业经营者在经营副业前都会为自己定下一个目标，而这个目标的可实现性应该相对较高。例如，假设王晓玲的目标是想要通过业余时间做社交电商并成为全国知名的 KOL。这个目标并不是完全不可能实现的，但是可实现的程度相对较低，很难让王晓玲产生奋斗的热情。因此，一个可实现的目标可以定为：预计通过售卖母婴产品获得 10 万元的收益。

可实现性相对较高的目标能够有效刺激副业经营者的动力，而当这个目标实现以后，他们也可以继续实现下一个阶段的目标。

4. 有相关性的

很多人在为副业做发展规划时往往会设定多个目标，而这些目标应该是相互关联的。假如多个目标之间的相关性很小，那么实现其中一个目标对于实现其他目标也没有太大意义。例如，王晓玲想要通过销售母婴产品来建立一个宝妈交流社群。因为购买母婴产品的顾客基本上都是宝妈，所以她可以初步聚集起受众群体，进而建立一个宝妈交流社群。"销售母婴产品"和"建立宝妈交流社群"这两个目标之间是相互关联、相辅相成的，因此王晓玲能够通过一个目标的实现来助力其他目标的实现。

5. 有时限的

当副业经营者对副业发展有了初步的规划以后，就要规定一个合理的时限，这将能够时刻提醒自己不断努力。时限必须包含具体的开始时间与截止时间。例如，王晓玲要通过社交电商来销售母婴产品并获得 10 万元的收益，此时就必须具体规划为：从下周开始通过社交电商销售母婴产品，并在一年内获得 10 万元的收益。

当副业经营者利用 SMART 原则为自己设定一个副业目标后,在经营副业时就能够有迹可循,其效率也会提高。而 SMART 原则不仅能够帮助副业经营者定义副业目标,更能够帮助其规划出一条清晰的副业发展路线。

9.1.2 用倒推法完成里程碑规划

很多人在设定了副业目标后依旧会感到迷茫,不知道自己首先要做什么,或者要用多长时间来做这件事。这是因为多数人都在使用正推法来看待一项工作。例如,张志鹏决定在一年内出版自己的中篇科幻小说,并发行 10 万本,不过在清晰定下这个目标后他就开始有些手忙脚乱了。他知道自己需要写大纲、找平台、投放内容、培养粉丝,但是在进行完这一系列分析以后他更加迷茫了,因为他认为自己似乎很难达到目标。然而,如果张志鹏使用倒推法来看待这项工作,那么或许能够将副业的发展路线清晰地规划出来。

实际上,人们在生活中会广泛运用倒推法。例如,陈丽和朋友约好上午 10 点钟在陈丽家附近的商场见面,于是她便开始计算:自己从家到商场步行需要 15 分钟、出门前化妆需要 30 分钟、挑选衣服需要 30 分钟、吃早饭需要 15 分钟、洗漱需要 15 分钟,加起来一共需要 1 小时 45 分钟的时间。因此,陈丽最晚也要在 8 点 15 分起床,这就是倒推法的经典应用案例。由此我们可以看出,使用倒推法进行规划时往往需要 3 个步骤,如图 9-2 所示。

1. 设定清晰的目标

以解决张志鹏的规划问题为例,他已经设定了清晰的目标,即在一年内出版自己的中篇科幻小说,并发行 10 万本。假定张志鹏开始动笔的时间为 2020 年 3 月 14 日,那么他达成目标的时间为 2021 年 3 月 13 日。

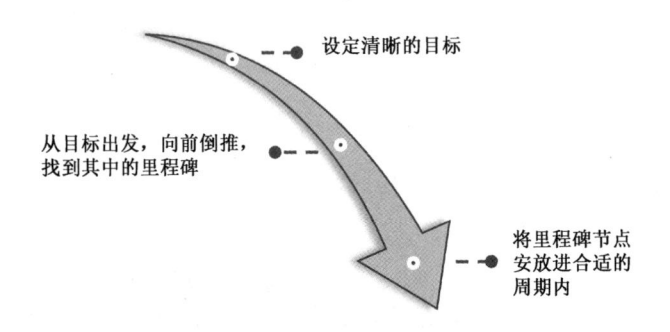

图 9-2　倒推法的 3 个步骤

2. 从目标出发,向前倒推,找到其中的里程碑

当张志鹏拥有了清晰的目标后,他就可以向前倒推,一步步找出达成该目标的里程碑。例如,为了达成出版中篇科幻小说并发行 10 万本的目标,张志鹏必须将小说印发出来。而小说的印发需要由出版社来完成,因此,他还需要联系出版社,与出版社沟通出版、印发的相关事宜。

在联系出版社之前,张志鹏必须完成小说的终稿;在确认终稿之前,张志鹏还必须对初稿进行校对,而校对之前,张志鹏还需要完成初稿;而想要完成初稿,张志鹏必须完成大纲,其中涵盖人物设计、主要情节设计等。

3. 将里程碑节点安放进合适的周期内

由上述内容可知,张志鹏在达成自己目标的过程中涉及的里程碑节点包括:小说印发←交到出版社←终稿敲定←初稿校对←初稿完成←大纲完成。印发 10 万本小说需要 15 天的时间;出版社进行审阅、校对等需要 3 个月的时间;修订终稿需要两个月的时间;校对初稿需要 5 天的时间;完成初稿需要 3 个月的时间;设计出大纲则需要两个月的时间。在倒推法完成后，张志鹏发现自己最多有一个月的时间来收集资料，于是他立刻行动起来了。

利用倒推法分析问题能够帮助人们做出里程碑式的规划，而且可以将所有的环节都囊括其中。由此看来，副业经营者可以利用倒推法做出条理清晰的分析，以此来保证自己的副业能够有条不紊地顺利开展。

9.1.3 制作愿景板和个人看板

在很多情况下，副业经营者往往拥有一个明确的愿景，但是在实现该愿景时会遇到很多阻碍，以至于最终半途而废。对于副业经营者来说，半途而废不如从未开始，而一旦开始就尽量一直向前。因此，副业经营者需要一些能够时刻提醒自己完成愿景的工具，而愿景板正是这样一种工具。

制作愿景板能够时刻提醒副业经营者需要做什么，以及愿景是什么。长期的潜移默化能够强化愿景在副业经营者心中的重量，使副业经营者能够为了实现该愿景而时刻努力。在制作愿景板时需要注意以下三要素，如图 9-3 所示。

1	清晰的愿景
2	愿景不要过多或过少，三个最好
3	使用图片配合愿景，使其更加直观

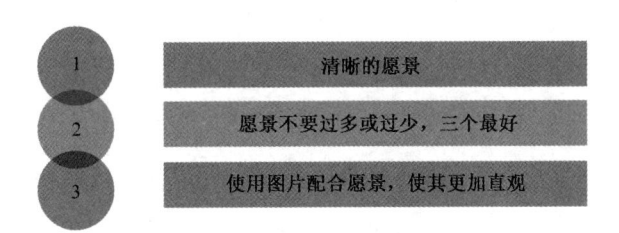

图 9-3　制作愿景板的三要素

1. 清晰的愿景

副业经营者需要将自己的愿景清楚地记录下来，而且这个愿景必

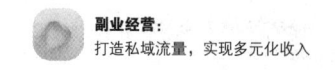

须是具体的、能够实现的。抽象的愿景即使被罗列出来,也很难对副业经营者起到激励的作用。

2. 愿景不要过多或过少,三个最好

一块愿景板上最好记录三个愿景,这也是能够让副业经营者实现愿景的最佳数量。假如只记录一个愿景,当该愿景实现后副业经营者又需要再次制作新的愿景板,多次制作愿景板无疑会影响其经营效率。而当愿景板上记录的愿景过多时,副业经营者在看到愿景板时也会被过多的愿景吓到,以至于产生退缩心理。

3. 使用图片配合愿景,使其更加直观

假如愿景板只有空荡荡的几行字,往往很难激励副业经营者为其奋斗。而加入相关图片则能够使副业经营者在想到该愿景时脑海里立刻浮现出这张图片,从而使愿景更加立体、直观,也能够让自己更有激情和动力。

例如,徐飞在主业之外开辟了一个微信公众号作为副业。他通过该微信公众号分享自己生活中的点点滴滴,包括家常菜单、生活技巧、读书笔记、旅游日记等。虽然徐飞的更新频率不是很高,但通过两年左右的经营,他的微信公众号已拥有了10万多名粉丝。徐飞在经营微信公众号时,每半年都会为自己制作一个愿景板,如图9-4所示。

徐飞在愿景板上写下了自己未来半年的计划,在制作好这个愿景板后,他将其张贴在自己家中最显眼的地方,时刻提醒自己应该做什么。在愿景板清晰直观地引导下,徐飞往往能够出色地完成自己定下的愿景,他的微信公众号也经营得更好了。

愿景板

阅读博尔赫斯所有作品，分享至少10篇读书笔记

去伦敦旅游并写下2000字游记，做一个全面的伦敦旅游攻略

使用延时拍摄记录家中几盆多肉的成长过程，总结出培育多肉的技巧

图 9-4　徐飞的愿景板

然而对于一些副业经营者来说，在制作完愿景板后，如何一步步实现自己的愿景又是一大难题。实现愿景往往需要一步步地进行，而部分副业经营者经常会忘记自己已经进行到哪一步了，或者下一步应该进行什么。此时，一块条目清晰的看板将能够起到重要的作用。

看板最初是丰田公司的一个管理工具。车间工人能够通过看板确定自己正在进行哪一步的生产，并明确下一步生产需要做什么。对于副业经营者来说，看板也可以时刻提醒自己正在进行哪一步，还有哪些步骤未完成等。制作一块清晰的看板有助于副业经营者更有条理地完成工作，在实际操作时需要注意以下两个要点。

1. 写下所有要做的事情

在制作看板时，副业经营者必须把所有要做的事情都清晰罗列出来。假如只写重要的事情，副业经营者就很有可能在后期忽略一些细节，导致所做的工作出现问题。

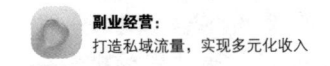

2. 及时区分不同状态的事情

将已经完成的、正在进行的或者等待处理的事情用自己的方式区别开来，这一步能够帮助副业经营者在浏览看板时更加一目了然。对于某些步骤复杂的事情，及时区别其状态也能够防止副业经营者做一些无用功。

对于副业经营者来说，制作愿景板有利于其时刻关注自己的愿景，从而激励自己为实现愿景而努力。而看板则是帮助副业经营者实现愿景的最佳工具，使其能够更清晰、直观地了解自己目前所做事情的状态，从而在经营副业时更加游刃有余。

9.2 经营副业的不同阶段

在人们开始经营副业时，往往会经历观望、"三分钟热度"、坚持有方、自我怀疑和安营扎寨这五个阶段。每一个阶段也许都会淘汰一批意志不够坚定的副业经营者。而一旦度过这五个阶段，副业经营就能够进入平稳期，并赚取一定的收益。

9.2.1 阶段一：观望

当人们得知周围的朋友、同事都在通过副业赚取外快时，往往也会产生"我是否也可以试试"的想法。但是在这个阶段，多数人都较为谨慎和理性，也就是说，尽管他们已经有了此类想法，但依旧不会贸然开展副业。

在观望阶段，不同类型的人往往也会有不同的关注角度。有些人对于能够从副业中获得多少收益并没有特别的要求，他们只是想通过副业来实现自我价值；而另一些人则是想通过副业获得更多的收益，积累更多的个人财富。

对于第一类人来说，他们在观望阶段主要是寻找是否有自己感兴趣的副业或者能够实现自我价值的副业。如果能够找到心仪的行业，那么他们往往会在观望阶段结束后迅速开展副业。第二类人需要更多的观望时间，由于他们开展副业的目的十分明确，因此在思考问题时也更理性。不过无论是哪一类人，在正式开展副业之前，他们都会观望以下两个方面。

1. 自身能力

对自身能力的观望分为三个部分：时间、精力和能力。在开展副业前，人们会考虑副业会占用自己多少时间、多少精力。假如发现开展副业会对主业产生影响，他们一定会立刻抽身。而对自身能力的观望则是要确保自己能够胜任某一项副业，并能够通过该副业获得收益。

2. 市场环境

观望市场环境对于顺利开展副业非常重要。人们在开展副业前会挖掘当前市场大环境下最有发展潜力的行业，以及能够获取更多利润的行业。当确定了行业后，可能还需要继续观望一段时间，假如该行业像自己预期的那样发展，便可以正式开展副业了。

观望作为正式开展副业前的一个阶段，其存在的意义不可小觑。观望阶段往往能够淘汰一批对开展副业心智不够坚定的人，而留下来的人也能够通过观望阶段进行一定的头脑冷却，用理性思维找到最适合自己的项目，从而更快投入经营副业的状态中。

在观望阶段，人们不妨问自己这样几个问题。

问题一：以我目前的精力和能力，我是否能够开展副业？

问题二：我开展副业的目的是什么？

问题三：目前，市场上最适合我开展的副业是什么？

问题四：假如开展副业的初期不顺利，我能否坚持下去？

如果能够对这些问题做出具体的回答，就说明人们已经能够就此开展副业了。观望阶段不仅能够帮助人们确定自己的真实想法，而且能够为人们打下"预防针"，让人们在正式开始经营副业前做好心理准备，以迎接更多的挑战。

9.2.2 阶段二："三分钟热度"

在开展副业的初期，副业经营者往往会积极地进行各种尝试，然而一旦反馈结果不够理想，便会进入倦怠期。在这个阶段，甚至有些副业经营者会放弃副业，在"三分钟热度"过去后迅速走向结束。

在孩子的幼年时期，很多家长为了开发孩子的潜能，为孩子报名各种兴趣班。大多数孩子在上兴趣班的前几天会特别兴奋，然而一旦正式展开教学，无论教学过程多么有趣，这些孩子也可能产生一定的抵触心理。由此可见，"三分钟热度"已成了一种较为普遍的现象，副业经营者自然也不会例外。

造成"三分钟热度"的主要原因是理想与现实之间的差距过大。在开展副业前，副业经营者往往都会有一个非常美妙的设想，即经营副业的初期就能取得成功。然而正式开展副业后，占用了自己大量的时间和精力，回报却是寥寥的，这样的差距总会让副业经营者难以接受。但是实际上，除非是运气极好，否则任何事情都需要一步步地走向成功。

因此，当副业经营者的"三分钟热度"逐渐消失，对副业经营产生退意时，不妨想一想：一旦结束，自己前面付出的时间和精力就全部浪费了。

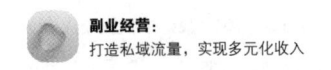

对于副业经营者来说，坚持的过程虽然枯燥，但只要能够克服自己"三分钟热度"的问题，就能够在副业这条道路上走得更长久。

9.2.3 阶段三：坚持有方

多数副业经营者在"三分钟热度"消失后都还想继续坚持下去，然而，如何坚持则成为亟待解决的重要问题。这些副业经营者虽然还是对经营副业抱有期待，不过明显动力不足，如果只是一味地硬着头皮继续坚持，那么通常难以获得成功。为了解决此问题，并最终获得突破，副业经营者需要掌握一定的方法，如图 9-5 所示。

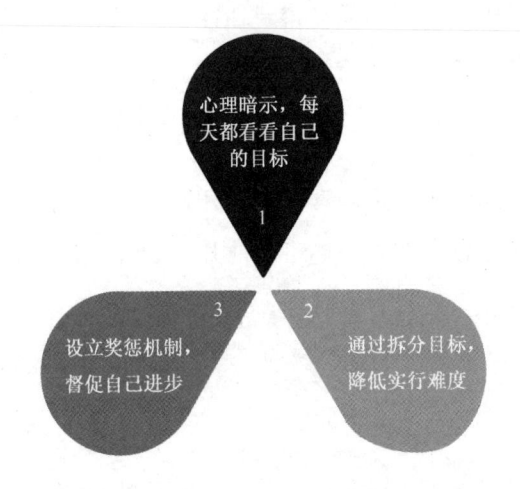

图 9-5　帮助副业经营者坚持下去的方法

1. 心理暗示，每天都看看自己的目标

当副业经营者陷入迷茫时，不妨尝试对自己进行一些心理暗示。心理学研究表明，暗示是一种可行度很高的调整心态的方法，很多人能够借助这种方法让自己的心态更积极向上。而副业经营者则可以在每天开展副业前看看自己的目标，并暗示自己一定能够达成目标。同时，经常查看目标也能够促使副业经营者在经营副业时更加努力。

2. 通过拆分目标，降低实行难度

当副业经营陷入瓶颈期，副业经营者认为自己定下的目标难以完成时，不妨试试将目标拆解成更容易实现的小目标，降低实行难度。在副业经营者依次完成多个小目标的过程中，其信心也会随之增加。

例如，刘雯雯利用业余时间参加了写作培训班，并希望通过给微信公众号写推文获得收益。在开展副业前，刘雯雯给自己定下的目标是"一年内写出 100 篇推文，并且通过推文获得 1 万元的收益"。但她毕竟刚刚接触这个行业，尽管在写作培训班中进行了基础的写作培训，但对于时下热点的把握、文风的掌控都还不够成熟。一开始，刘雯雯每三天都会写出一篇推文并投稿到各个微信公众号，然而反响并不好。

但是她并没有因此一蹶不振放弃副业，而是仔细研究了自己的推文和爆款推文的差距，并在朋友的建议下修改了自己的目标"每半个月投稿一篇推文，并且获得至少上千次的阅读量"。刘雯雯利用半个月的时间精心创作的推文，其阅读量往往能够轻松破千。在几个月后，她的推文已经能够获得上万次的阅读量了。此时，她又将自己的目标改为"每周投稿一篇推文，并获得上万次的阅读量"。

就这样，刘雯雯将原本较大且难以完成的目标划分成了一个个能够实现的小目标。当小目标实现后，她会再次加码，逐步扩大目标范围。这样的方式不仅能够让刘雯雯在一次次实现小目标的过程中获得自信心，更能够促使她时刻保持奋斗的动力。

3. 设立奖惩机制，督促自己进步

副业经营者可以将奖惩机制的设立交给自己的亲人和朋友。对于

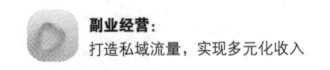

一些意志不够坚定的副业经营者来说，将监督权交给亲人和朋友也是不错的选择。如果只设立奖惩机制却不能遵守，那也是没有意义的。因此，副业经营者需要通过自我监督或他人监督，严格遵守已经设立的奖惩规则。

例如，当副业经营者完成了目标时，不妨奖励自己购买一件心仪已久的礼物或者抽出半天的时间进行放松；而在没能完成目标时，也可以给自己一定的惩罚，如取消周末的逛街等。一定范围内的奖惩机制能够使副业经营者进行自我约束，使其在经营副业时获得更多的动力，面对抉择时也更加谨慎。

9.2.4 阶段四：自我怀疑

部分副业经营者长期处于坚持有方这个阶段而无法获得更多的收益，此时他们就可能陷入自我怀疑阶段，他们会反复问自己这样几个问题。

问题一：我这样坚持下去能否获得成功？

问题二：我做副业的目标到底是什么？

问题三：我是否还有更多的时间和精力投入副业中？

问题四：我现在经营该副业是否是正确的？

问题五：假如现在放弃副业，对我而言究竟是好还是坏？

当副业经营者长期陷入自我怀疑而无法获得解答时，很容易就会对副业经营萌生退意。对于副业经营者来说，只有打破自我怀疑，才能够将副业长久发展下去，具体可以参考以下几种打消自我怀疑的方法，如图 9-6 所示。

1 找同行业前辈解答问题

2 浏览行业相关书籍

3 通过行业内杰出人才的奋斗史激励自己

图 9-6　打消自我怀疑的方法

1. 找同行业前辈解答问题

假如副业经营者身边有一些朋友恰好也在从事相同的副业，那么直接向他们请教无疑是最简单的方法。相同副业的副业经营者可能遇到过相同的问题，所以向其他的前辈请教将能够快速解决自己的问题。同时，副业经营者也能够通过前辈的能力和其他条件来判断自己是否真正适合经营该副业。

2. 浏览行业相关书籍

部分冷门行业的副业经营者身边往往不会有从事相关行业的朋友，因此，想要打消自我怀疑，不妨找一些较为权威的工具书来进行自查。书中的内容往往都是行业佼佼者的经验之谈，因而利用其进行自查，往往能够解决副业经营者的大部分问题。此外，仔细钻研书中的内容有时也能够帮助副业经营者确立新的副业经营方向。

3. 通过行业内杰出人才的奋斗史激励自己

任何一个行业都会出现一些杰出的人才，对于在该行业刚刚起步的新手来讲，这些杰出的人才无疑是最好的榜样。因此，当副业经营者产生自我怀疑时，不妨了解一些该行业中杰出人才的访谈、演讲、自传书等内容来激励自己。

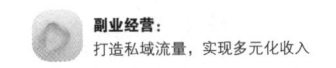

了解此类内容后，副业经营者能够从中获得更多经营副业的经验，了解他们是如何克服困难的。同时，副业经营者也能够利用行业杰出人才艰苦奋斗并最终获得成功的故事来激励自己，让自己咬牙坚持，度过自我怀疑这个阶段。

自我怀疑是副业真正落实前的最后一个阶段，同时也是最难度过的一个阶段。很多副业经营者都会在这个阶段失去信心和动力，在长期的自我怀疑后最终放弃副业。其实在很多情况下，副业经营者的自我怀疑是其已经能够进入该行业的重要标志，正是因为对该行业有了一定的了解，才会产生自我怀疑。因此，只要能够利用以上三种方法，突破自我怀疑的阶段，副业经营者就能够真正落实副业，进入安营扎寨的最终阶段。

9.2.5　阶段五：安营扎寨

在突破了自我怀疑这个阶段后，副业经营者往往会发现自己的副业能够顺利开展，收益明显增加，经营效率也在稳步提高。这就在一定程度上说明经营副业的最终阶段已经到来，即安营扎寨阶段。

当副业经营者进入安营扎寨阶段后，其在副业经营上已经能够驾轻就熟，遇到各种问题时也不再恐慌。同时，在这个阶段，副业带来的收益也进入了平稳期。安营扎寨阶段往往是为了让副业经营者能够更随心所欲地进行探索。那么，在这个阶段，副业经营者需要做什么呢？安营扎寨阶段的工作如图 9-7 所示。

1. 合理分配时间、精力

在进入安营扎寨阶段后，副业经营者往往能够用较少的精力完成较多的工作，曾经的计划表也不再适用了。因此，副业经营者应当重新分配自己的时间和精力，以免造成浪费。

```
合理分配时间、精力 ——●—— 深入学习更多相关知识

树立新目标 ————————●—— 不断创新，提升自身竞争力
```

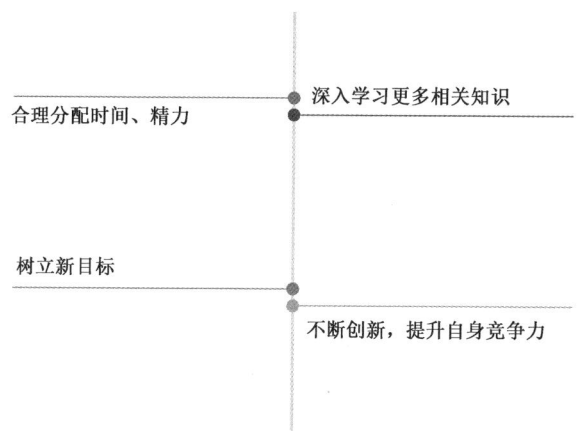

图 9-7　安营扎寨阶段的工作

2. 深入学习更多相关知识

当副业经营者有更多的时间和精力时，如果想要将副业做大、做强，就需要深入学习该行业的相关知识。

3. 树立新目标

安营扎寨即意味着副业经营者第一阶段的目标已经实现，此时他可以为自己设定第二阶段的目标。设定目标既能够给自己一个前进的方向，也能够激励自己继续努力。

4. 不断创新，提升自身竞争力

当副业经营者拥有更多精力并且对该行业有了一定的深入了解后，即可以尝试创新，在行业内部寻求突破，并以此提升自己的竞争力。提升自己的竞争力不仅能够获得更多的收益，也能够带动行业发展，乃至扩大自己在行业内部的影响力。

当今社会的发展节奏正在逐步加快，因此任何行业都需要跟上时

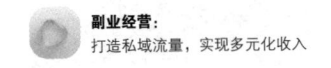

副业经营：
打造私域流量，实现多元化收入

代的脚步不断前进，副业经营自然也是如此。当副业经营进入一个较为平稳的阶段后，副业经营者不妨多思考自己应该从何处进行突破，打破平稳期，提升自己在行业中的竞争力。

副业经营者想要持续保持安营扎寨的状态，就必须让自己不断发展。假如副业经营者认为安营扎寨即是终点因而不再创新时，就很有可能被后来者挤出行业，因此只有不断创新才能够保持自己在行业中的领先地位。

9.3 学会复盘：副业成功的关键

在围棋对战结束后，棋手往往会按照对战时的落子顺序对棋局进行一次复原，并从中揣摩两方在落子时的心路历程，以全新的视角重新看待棋局，总结自己失败的原因或者成功的经验，这个过程称之为复盘。对于副业经营者来说，在开展副业的过程中，复盘同样重要。复盘不仅能够帮助副业经营者获得更多的经验，也是副业走向成功的关键。

9.3.1 为什么要复盘副业

对于所有的副业经营者来说，复盘是一个必不可少的过程。将复盘做好可以形成以下三个方面的优势，如图9-8所示。

- 整理出现的问题，及时规避
- 总结经营流程，找出规律
- 在复盘中获得新灵感

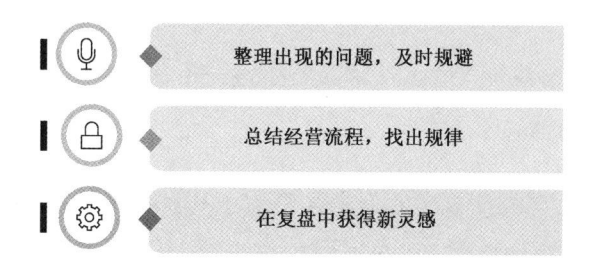

图9-8 复盘的优势

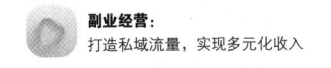

副业经营:
打造私域流量,实现多元化收入

1. 整理出现的问题,及时规避

副业经营者往往是从零开始的,这也就意味着其在经营过程中会出现各种各样的问题。但是多数问题都是能够通过经验规避的,如剪辑视频时由于软件操作不熟练而出现的问题、拍摄Vlog时在操作器材方面出现的问题等。

对于能够规避的问题,部分副业经营者也许并不在意。他们认为,这些问题在多次发生后可以自动解决。然而,每一次出现问题都会影响其开展副业的效率,因此这类想法是不可取的。在问题产生并解决后,一次及时的复盘能够巩固副业经营者对问题的记忆,从而避免问题的再次产生,防止自己遭受不必要的损失。

2. 总结经营流程,找出规律

在经营副业的过程中,可能会失败,也可能会成功。及时复盘除了能够帮助副业经营者总结失败的教训并加以规避,也能够帮助其总结成功的规律,从而使之后的副业经营更省心、省力。例如,在B站做短视频自媒体的刘佳第一次接触这个行业,她将自己定位为萌宠UP主,主要拍摄对象是家中的暹罗猫"小煤球"。

在第一次投稿时,刘佳对于拍摄角度、拍摄内容和剪辑节奏都不太了解,只是凭借直觉和在其他UP主那里学来的一些经验制作了一个短视频。虽然"小煤球"萌态可掬的模样为刘佳带来了不错的点击率,但是关注她的粉丝并不多。

刘佳并没有就此放弃,而是又尝试了几种不同的拍摄角度和剪辑手法。终于,在一次名为"小煤球和新玩具'大煤球'的初遇"的短视频发布后,她获得了几千个赞和几百位新粉丝的关注。刘佳当即对这次短视频的整体拍摄和剪辑情况进行了复盘。

首先是拍摄地点，刘佳选取了光源较好的阳台落地窗的位置，不少网友在弹幕中留言说"小煤球这身毛太漂亮了"。可见，良好的光源与合适的位置能够让"小煤球"显得更好看。

其次，在内容选择方面，刘佳拍摄了"小煤球"和它的新玩具黑色毛线球的玩耍过程。相比以往只是单纯利用逗猫棒逗猫的内容，猫玩毛线球这类不常见的内容更容易吸引大家的目光。

最后，在剪辑节奏上刘佳也有所掌控。她将开头的导入时间减少了大约 5 秒钟，整个短视频的时长也不过 1 分钟左右。合适的导入时间和总时长的把握能够让人们迅速进入状态，同时在结束时意犹未尽，从而达到了人们反复进行观看的效果。

刘佳通过复盘总结出了三个要点，并将其应用在拍摄和剪辑的过程中。果不其然，在这次复盘后，刘佳此后拍摄的短视频都收获了不错的点击率，她的副业也一步步走上了正轨。

3. 在复盘中获得新灵感

除了总结经验和规律，复盘有时也能够为副业经营者提供新的灵感。在经营副业的过程中，副业经营者也许会忽略某些细节。但是不得不承认，有时一个细节往往就能够为副业经营者带来独特的新灵感。复盘能够帮助副业经营者重新回想起细节，并让他们有足够的时间来思考这些细节是否能够详细展开以及开发出新的商机。

9.3.2 什么时候复盘副业

复盘副业的时间选择也十分重要，其大致可分为两种类型：一种是节点性复盘，另一种是周期性复盘。其细分项如图 9-9 所示。

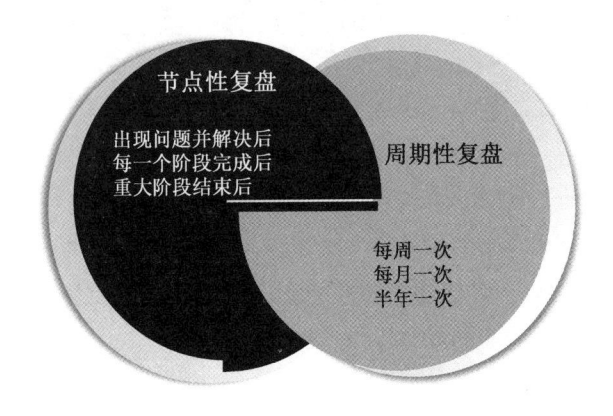

图 9-9　复盘副业的时间点

1. 节点性复盘

① 出现问题并解决后

出现问题并解决后应该及时复盘，这可以加深副业经营者对该问题产生原因的印象，以避免该问题的再次发生。同时，记录下解决该问题的过程也能够帮助副业经营者在再次碰到该问题时能将其迅速解决，提升经营效率。

② 每一个阶段完成后

在进行副业经营时往往会经历一个又一个阶段，而在每一个阶段完成后都可以对其进行一次复盘。对某一个阶段的复盘可以仅复盘该阶段的内容，这样并不会占据副业经营者太多的时间，而且能够提醒副业经营者该阶段已经完成了哪些事项，还有哪些事项未完成等，让副业经营者在继续开展副业的同时拥有更清晰的思路。

③ 重大阶段结束后

重大阶段是副业发展的一个里程碑。例如，副业是利用业余时间写作，其重大阶段即"签约平台""获得第一笔收入""出版第一本书"等。

每一个重大阶段结束后，副业经营者都可以进行复盘，将这段时间获得的经验和教训进行全面的总结。每一次重大阶段结束后的复盘可以花费较长的时间去进行，这有利于副业经营者固化成功经验，从而在下一个阶段开始前能够及时调整好心态，使之后的工作更加顺利。

2. 周期性复盘

① 每周一次

每周都可以进行一次复盘，即总结本周副业经营的内容。每周进行一次复盘能够帮助副业经营者梳理副业经营的内容，同时对已经发现的问题进行及时记录，防止因为间隔时间过长，导致部分问题被模糊化处理或者忘记处理。

② 每月一次

每月一次的复盘是对本月副业经营的内容进行总结，同时从每周的复盘中总结出新的经验，让副业能够更好地开展。

③ 半年一次

半年一次或者一年一次的周期性复盘是必须进行的，这种复盘有助于副业经营者以全面的视角看待某一个阶段的全部事项。在纵观全局时，很多曾经被忽视的细节往往可以被挖掘出来，这种做法对于经营副业也同样适用。

在进行周期性复盘的过程中，副业经营者也许会发现一些曾经没有关注过的细节，可能正是这些细节造成了某个环节的失败。当副业经营者能够发现并总结出更多此类细节时，下一个阶段的副业也会经营得更顺利。

尽管复盘副业的时间选择有两种，但是最好的做法是将其融合到一起。副业经营者在经营副业时不能怕麻烦，多次复盘有助于其发现更多的问题，也能够从中总结出更多的经验，从而提高下一个阶段副业开展的效率，获得更多收益。

9.3.3 坚持复盘：阶段性+持续性

复盘并不是将已经发生过的事情进行重现，一次成功的复盘必然会让副业经营者获取更多的经验和知识，并能够发现之前没有注意过的细节，从而进行新一轮的尝试和策略调整。但是人的记忆力是有限的，如果不能坚持阶段性、持续性复盘，那么副业经营者很可能忘记了之前总结的经验和教训，从而在应对某一问题时重蹈覆辙。因此，坚持阶段性、持续性复盘对开展副业有着极其重要的作用，如图 9-10 所示。

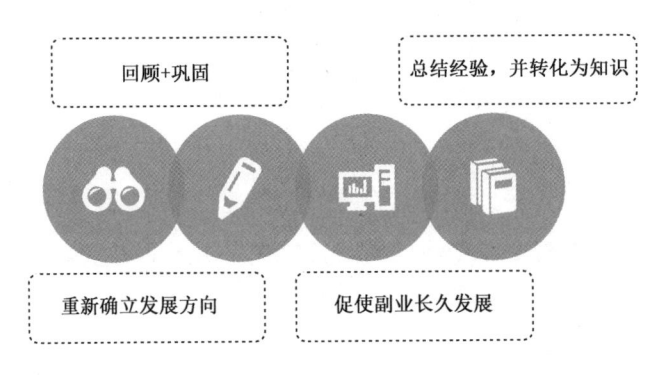

图 9-10 坚持复盘的作用

1. 回顾+巩固

复盘最重要的一点是帮助副业经营者对已经完成的事情进行回顾，并对整个流程进行巩固。"回顾+巩固"就如同复习环节，可以加深副业经营者对某一个细节或者问题的印象，从而确保其能够真正掌握该细节或者问题。

2. 总结经验，并转化为知识

副业经营者在进行复盘时，一定要以全面的视角来看待整个过程，并把在之前的阶段中总结出的经验和教训转化为知识。经验和教训往往是抽象的，但知识是具体的。因此，具体的知识更容易让副业经营者理解并记住。如果副业经营者将自己的经验和教训转化为知识，就能够为今后从事副业经营的人讲解甚至可以就此开展知识付费的新副业项目。

3. 重新确立发展方向

当一次复盘完成后，副业经营者往往就能够发现前一个阶段中出现的问题和新的可能性。而发展过程中出现的问题和可能性都能够促使副业经营者重新规划副业经营路线，确立新的发展方向。

持续性的复盘能够使副业经营者在新问题或者新商机出现时及时调整发展方向，降低出错的概率，优化副业经营的效果。通过不断复盘，副业经营者能够总结出一个最适合自己的发展方向，也可以使之后的副业经营道路畅通无阻。

4. 促使副业长久发展

对于一些阶段较多、事项较烦琐的副业来说，阶段性、持续性的复盘有助于副业经营者及时总结问题并记录下来。面对这类副业，副业经营者很可能会忘记留出时间进行复盘，从而导致某一个问题在不同阶段频频发生。如果副业经营者在解决相同问题上浪费了很多时间和精力，那么也许会让副业发展进入停顿期。

阶段性、持续性的复盘有利于问题的及时解决，同时也能够巩固副业经营者的记忆，帮助副业经营者在副业发展的过程中少走弯路。如果复盘做得好，那么副业经营者甚至可以借此机会成为相关行业的专业人士。因此，坚持复盘无疑能够促使副业更好地得到发展。

第 10 章

副业风险规避：规避陷阱+掌握平衡

张文东因为想靠副业赚点钱，所以决定在下班以后摆地摊。由于生意不错，晚上会忙到很晚，睡眠不足导致他白天特别没有精神，在开会的过程中经常走神，工作上的事情也是错漏百出，还被客户投诉了几次。于是，公司领导找到张文东，问他是怎么回事，为什么对工作不上心了？

张文东如实招来，领导听后很生气，然后告诉他不能为了赚钱，既影响了身体，又耽误了主业。像他这样因为副业耽误了本职工作的人应该还有很多，这些人似乎没有意识到：只有在主业做得好的情况下，才可以经营副业。

虽然经营副业是一件好事情，可以创造更多的收益，但是如果没有意识到其中的风险和陷阱，那可能很难取得一个令人满意的结果。对于副业，我们应该从正反两个方面进行考虑，不仅要看到其优势，也要看到其劣势，这样才可以掌握平衡，实现更好地经营。

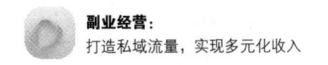

10.1 避开副业中的陷阱

现在，做副业的人很多，但是从副业中跳出来专心上班的人变多了。对于这一点，我们看看那些停止更新的微信公众号就知道了。那么，为什么会出现这种情况呢？因为副业中有很多陷阱，稍不留意就可能掉下去。所以，如果你正准备做副业，或者正因为在副业中赚不到钱而挣扎，那么必须考虑一下自己是不是掉入了陷阱中。

10.1.1 切勿盲目跟风：以自身为出发点

很多决策都会受到非理性因素的影响，副业方面的决策当然也不例外。刘雯雯是某医院的一名护士，她曾经做过一段时间的微商，销售的是洗护产品。当时，她的想法非常简单：洗护产品大家都需要，应该会卖得不错。但是，结果呢？她用了一个月的时间才卖出去三瓶洗发水，获得的收益十分微薄。

后来，刘雯雯改变了方向，她选择健康管理作为副业，而且后来经营得如鱼得水。之所以会如此，是因为微商和她的护士身份相距甚远，而健康管理与她的主业、专业以及人脉网络都高度匹配。因此，在健康管理领域，刘雯雯可以利用自己的技能和经验，上手就很快。

李伟是一家饭店的老板，饭店生意不错就是平时比较劳累。有一次，李伟的朋友和他说，某投资平台的分红很不错，可以尝试进行投资。于是，他也跟着人家学，在这个投资平台上放了一大笔钱。虽然刚开始确实获得了不少分红，但是半年以后，这个投资平台因为经营不善倒闭了，李伟的钱全部都打了水漂。在这些钱里，还有很多是李伟找自己的亲戚朋友借来的。

为了还钱，李伟只能卖掉自己的饭店和房子。也就是说，他不仅没有通过副业得到收益，还把自己的主业搭了进去。而且李伟的妻子也因为无法承担债务的压力，选择与他离婚。可见，李伟真的是"赔了夫人又折兵"。

刘雯雯和李伟实际上都是掉入了副业的陷阱，即盲目跟风，在看到别人成功以后也随之效仿，根本没有考虑自身条件，也没有关注合法性问题。因此，我们要对副业进行多维度考察，必须谨慎做出选择，不能轻易相信和接受别人的建议。

在选择副业时，我们要问自己三个问题：这项副业合法合规吗？这项副业适合自己的身份和个人标签吗？这项副业与自己的能力、资源匹配吗？与此同时，在经营副业的过程中，我们也要向刘雯雯那样不断修正自己的选择，一旦发现有什么不妥的地方，必须及时止损，控制风险。

10.1.2 万事开头难，切勿"三分钟热度"

刘晓霞是一个"三分钟热度"的人，在大学期间，她学习过法语、

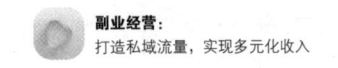

西班牙语，还接受过新东方的培训、考过英语口译。在刚开始做这些事情时，刘晓霞总是充满激情、行动力十足，但是时间一久，她就开始松懈下来，无法坚持下去了。

后来，刘晓霞开始做自媒体，结果还是因为觉得写作太枯燥而放弃了。仅仅不到一个月的时间，刘晓霞的副业就宣告结束，延续了她"三分钟热度"的一贯作风。虽然做自媒体的时间不长，但是依然耗费了刘晓霞很多精力，也对她的主业产生了一定的影响。

毋庸置疑，对于副业经营者来说，"三分钟热度"不可取。在这个问题上，很多人在试图给出合适的解决方法，如做好时间管理、提高专注力和自控力等。但是不得不说，很多事情的发生都来自个人的认知和信念。因此，副业经营者要想摆脱"三分钟热度"，可以先判断一下自己是否有以下几种想法。

（1）我不可以同时做很多事情，必须有一个明确的方向。

（2）做副业需要大量的时间，我现在才开始动手，似乎已经太晚了。

如果我们能够消除以上两种限制性的想法，就更容易持续性地副业经营了。那么，具体应该怎样做呢？可以参考以下几点建议。

1. 对兴趣的真伪进行分辨

"三分钟热度"的副业经营者看上去兴趣十分广泛，好像什么事情都会做。但是，这些兴趣是真实的吗？是大家内心所向往的吗？所以，不妨问一问自己："我真的喜欢这项副业吗""经营这项副业对我来说意味着什么""我能通过这项副业改变什么"等。有了答案以后，相信你会找到一项可以让自己坚持下去的副业。

2. 确定兴趣的组合（最好不要超过 5 个）

"三分钟热度"的副业经营者通常有很多兴趣，此时就必须学会聚焦。例如，我们可以选择 3 到 4 个兴趣作为组合，这样可以兼顾时间和精力。之后，我们可以围绕这个兴趣组合设置目标、计划，以及每天的小任务。如果在执行目标时出现问题，我们就需要及时做出调整。

3. 选择与兴趣组合相近的副业

前面我们说过，将兴趣发展成副业是不错的做法。例如，有人喜欢写作和演讲，那么就可以开设相关的付费课程；有人对职业生涯规划非常了解，那么就可以去做这方面的培训。在通常情况下，你的兴趣组合越聚焦，就越能尽快地将其转化为副业，并获得收益。

4. 设置有趣而多变的短期目标

有时，即使你已经找到了合适的副业，也会因为自己的懒惰、拖延症、倦怠感而使副业走向失败。很多人都追求新鲜感，所以为了保持热情和积极性，我们可以设置短期目标，用事件和情境来激励自己，拒绝那种比较枯燥、一成不变的重复性行为。

作为副业经营者，大家应该不断进行学习、尝试、改变，挖掘出属于自己的特质和个人标签，逐渐确立并实践兴趣组合，从而顺利摆脱"三分钟热度"的头衔。

10.1.3 切勿盲目乐观：看清希望与险阻

在经营副业的过程中，副业经营者有时会因为自身情况、外部压力而加速推进变现的进程，忽略对目标群体、市场形势等的分析。其实，这样很容易使自己掉入变现陷阱，尤其是副业取得一定成绩以后，更容

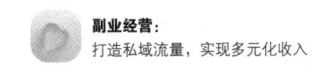

易迷失自己，走上"错误"的道路。

对于副业经营者来说，乐观是好事，但是不能盲目。在加速变现之前，副业经营者最好对副业进行一次系统的复盘，然后结合自己的资源和能力规划出未来一段时间内的发展目标、经营战略。这样有利于控制发展方向和发展节奏，防止以后出现不必要的风险。

目前，很多副业经营者在看到了别人通过副业赚得盆满钵满以后，觉得自己也会有同样的结果。于是，他们开始召集各路人马和资源，拿出大量的资金去购置相关设备和工具，但是其实在这样盲目的做法下，失败者众，成功者少。

另外，还有一些副业经营者对个人能力、经营效果、收入情况都充满期待，尤其是寄希望于自己身边的同学、亲戚、朋友等。然而，当这些副业经营者开始经营之后，可能就会发现，自己的期待和希望似乎都过于虚幻，现实是非常残酷的。

虽然人脉、资源、资金等可以作为副业的助力，但是我们并没有办法确定，这些助力是不是可以发挥相应的作用。面对这样的情况，我们很难保证自己的副业一定可以成功。也就是说，在什么都不能确定之前，盲目做副业就相当于自断后路。

尤其是对于"白手起家"的副业经营者而言，"打铁还需自身硬"是一个非常重要的道理。我们需要找出与竞争对手之间的差距，展现自己的独特眼光和强大的聚合实力，通过不断努力去实现变现，找到可以让副业顺利落地的方法和策略。

10.2 如何更好地发展副业

发展副业是一件说难也难，说不难也不难的事情。对于这件事情，关键就在于找到合适的方向和精准的定位。此外，在发展副业时，我们要分清主次，不能随意放弃自己的主业。现在很多人发展副业是为了赚钱，这当然可以理解。但是与此同时，通过副业实现自我提升也是一个不可以忽略的重要环节。

10.2.1 发展副业的前提是做好主业，主次分明

相关数据显示：2019年，有17.6%的职场人士拥有自己的副业。像他们这种既有主业，又有副业的人，应该如何平衡二者之间的关系呢？正确的做法是：在做好主业的同时，兼顾副业，切勿因小失大，"得了芝麻丢了西瓜"。

王丽丽在一家公司担任广告策划员，平时她会接一些视频剪辑的订单作为副业。但是，如果客户催得急，那么她当天需要一直工作到凌晨两三点钟才可以完成。到了第二天上班时，她就会精神不佳，从而导

致工作出现很多差错。结果不到半年的时间，王丽丽的多项工作因为她不能胜任而被其他同事做了，她的工资也降了不少。这就是典型的过于专注副业而耽误主业的例子。

如果主业和副业没有得到合理的分配，那么时间一长就会出现两种情况：第一种情况是主业停滞不前，同时副业也没做起来；第二种情况是自己的职业规划和人生规划都会受到很大的影响。为了避免这样的问题，我们应该掌握以下两个要点，如图10-1所示。

图 10-1 合理分配主业和副业的要点

1. 坚持二八原则

我们要用 80%的时间和精力做更容易变现的事情，再用 20%的时间和精力做其他的事情。也就是说，我们要分清楚主次，把时间和精力放在最有生产力的地方。白晶晶的主业是服装设计，后来她参加了自媒体方面的培训。于是，她开通了几个微信公众号，而且每周都会在上面分享一些与服装设计相关的文章，和粉丝讨论时尚、流行等话题。

通过分析粉丝的评论，白晶晶了解了粉丝的想法和需求，迸发出了很多灵感，将自己的服装设计得更完美了。对于白晶晶来说，副业是为主业服务的，主业始终是最重要的。如今，她受到了领导的重视，而且运营的这几个微信公众号也开始有了收益，可谓是一举多得。像白晶晶这样可以平衡副业和主业的人，将获得更多的机会，会有更加广阔的发展空间。

真正聪明的副业经营者，会将自己大部分的时间和精力放在主业上，用"创业"的心态去对待自己的副业。此外，他们也会通过副业来提高自己的能力，并将这个能力应用到主业中，最后主次分明地去实现个人价值的提升。

2. 专注，将事情做到极致

李学军在一家物流公司上班，业余时间喜欢健身，所以对这方面很有研究。后来，他开始在抖音上发布一些视频，分享与健身有关的知识和技巧。经过一段时间的运营，他积累了一批粉丝。但是，为了与粉丝互动，他每天都要回复大量的评论，这严重影响了他的本职工作，甚至有一次他还把物流单号填错了。

在受到了领导的批评以后，李学军注销了自己在抖音上的账号，开始一心一意经营自己的主业。三个多月过去了，他凭借优异的业绩成了公司的"季度之星"，同时还升了职。李学军之所以可以取得这样的成就，就是因为他专注于自己的主业，并坚持把事情做到极致。

10.2.2 以赚钱为目的，兼顾自我提升

刘华杰是一个技术达人，他非常分得清事情的主次和重要程度。与其他副业经营者不同，他做副业的目的是赚钱和提升自己的能力。例如，在主业的薪酬只有 8000 元每月的情况下，他舍得花费 1 万元去参加一个为期 30 天的培训课程，这样的魄力不是谁都有的。

知道了这件事情以后，很多人都觉得刘华杰太傻了。但是在他看来，一个人不会因为花费 1 万元去学习而变穷，等到有了真本事以后，一定可以把这笔钱加倍地赚回来。事实上，他的确通过经营副业实现了这样的目标。

除了参加培训课程，刘华杰还会购买一些专业课程进行自学，不断提升自己的能力，争取把自己的主业和副业都做得很好。通过分析刘华杰的做法，那些只想着通过副业赚钱的人应该得到一些启发：如果把时间和精力全部用在赚钱上，那么可能影响自己的成长与进步。

业余时间可以用来做副业，但是也不能忘记学习和自我提升。从某种意义上来说，学习和自我提升也是在赚钱，只是它有一定的延迟性，回报有一定的滞后性。就像减肥一样，有人今天很胖，明天和后天可能依旧很胖，但只要将减肥坚持下来，有朝一日就可以变瘦。

总之，如果你一直在充实自己，那么早晚都会得到回报。其实现在有很多副业可以做，如调酒、摄影、送外卖。做这些副业的人每天都很忙，在周六和周日经常也要工作。他们虽然可以赚到钱，但是花费了很多时间和精力，很难有办法去进行自我提升。

因此，在做副业之前，我们应该问一问自己："做副业赚来的钱使自己的生活质量提高了多少""做副业对自己的人生帮助是什么"等。如果你不是非常缺钱的人，主业的薪酬也不低，那么就可以把副业搁置一段时间，先去进行学习和自我提升。

做副业可以赚到钱，而学习和自我提升需要花钱，但是后者未来可以获得翻倍的利润。所以，在做副业时，我们必须留出一部分时间和精力去提升自己，而不能只是一味地赚钱、赚钱、赚钱。

10.3 "两栖青年"or"斜杠青年"：哪种是你的选择

"两栖青年"是不满足单一的工作、拥有两种不同职业和身份的人，而"斜杠青年"则是拥有多种不同职业和身份的人。"两栖青年"与"斜杠青年"看上去似乎只是职业和身份的叠加，但其实是社会变革和观念转化等多种因素所激发的。

要做"两栖青年"还是"斜杠青年"，已经成为一道摆在很多人面前的选择题。在为这个选择题填写答案时，我们必须考虑业余时间、精力、个人能力等多种因素。不过无论答案是什么，我们都应该活出自己，遵循自己的内心去做自己想做的事情。

10.3.1 "两栖青年"：活出生活的两面性

"无论你做什么工作，都必须有一个 B 计划。"这是"两栖青年"经常说的一句话。随着就业机会的不断增多，这类人变得越来越常见，他们也都有着各自的故事，如表 10-1 所示。

表 10-1　三个"两栖青年"做副业的故事

"两栖青年"	副业	故事
张宁龙	微商	2014年,他从杭州师范大学毕业,并于同年获得了第一份工作。工作1年以后,迫于经济压力,他开始有了做副业的想法。 因为他喜欢打篮球,拥有一群志同道合的球友,所以他们就一起商议着"搞点事情"。在看到球鞋市场的潜力以后,他们合伙做起了微商。 因为当时球鞋文化还没有火起来,所以他们一周也只能卖出10~20双球鞋。当球鞋文化越来越被人们所熟知后,体育爱好者、时尚达人、年轻男士都成了他们的客户。 现在,随着客户的不断增多,他们的订单量也在一路飙升。据统计,通过做微商,他们每人每个月可以获得4000~5000元的收入
李少庚	咨询师	他从小就喜欢心理学,最初只是看看相关书籍;后来,为了考取高级心理咨询师的证书,他专门报了培训班进行专业的学习;现在,他会把自己的人生感悟写成文章发布在知乎上,同时也会在一些心理问题咨询下面写出自己的建议。 由于他的文笔不错,在知乎上关注他的人也随之增多了,所以他就做了认证,开通了付费咨询功能。找他做咨询的费用大约是几十元每次。作为一位专业的咨询师,他通过一些专业心理知识和个人体会,对客户进行疏导,帮他们找回正常的生活状态。 他不认为自己是"两栖青年",而是觉得自己只是在主业之余做了一件能带给自己成就感的事情。在他看来,在这个不断发展的时代,如果故步自封,不思进取,那么被淘汰的速度会比之前快得多。他觉得有没有副业并不重要,拥有抗风险的能力才是"王道"
王一丁	自媒体	出于个人爱好,他在大学和研究生时期担任过某动漫电子杂志的编辑,还创建过网络广播剧社团,也是B站最早的一批用户。毕业以后,他进入了传统媒体领域;在之后的几年里,他见证了自媒体的诞生和走红。于是,他突然冒出来一个想法:我为什么不能做一个UP主呢? 在互联网时代成长起来的他,深知互联网里面有宝藏,只要用心去挖掘,就很有可能得到一些什么。因此从那个时候起,他便下定决心,要利用业余时间剪辑一些视频发布到B站上。 他做视频的流程比较简单:首先是根据当下热点策划主题、撰写脚本,然后着手搜集音频和视频素材,最后再将这些素材根据脚本制作出来。 按照B站的政策,流量与获得的报酬是成正比的,这就促使他不断跟踪当下热点,创作新鲜的视频。目前,他在B站的视频播放数量为1000多万次,专栏文章阅读量达63万余次。只要保证视频的持续性输出,他每个月就会得到至少3000元的奖金,他偶尔还可以接到广告,价格在2000元到1万元不等

通过上面三个故事，我们可以看到，新一代的"两栖青年"有一些不一样。他们坚持"主业求稳定，副业顾爱好"的原则，而且也放得下身段，稳得住心态。在这个变革的时代，"两栖青年"需要摆脱对固有模式的依赖，培养开放的头脑，建立跨学科的知识体系。

在所有的"两栖青年"中，有些是迫于生活压力而开始做副业的；有些则是出于兴趣而从事副业的。虽然增加收入是"两栖青年"的初衷，但是要想把副业坚持下去，除了需要经济回报作为动力，还需要从中实现个人价值，获得回报社会的能力。

如今，因为主业可能没有以前那样稳定，使得很多人自愿成为"两栖青年"，所以从另一个角度看，做副业不仅是一个寻找安全感的过程，也提升了人们的生存能力，丰富了其日常生活。未来，"两栖青年"是不是还会增多，这要看行业，更要看社会环境。

10.3.2 "斜杠青年"：追求多元收入

现在，很多人不安于只从事一种职业，我们可能永远都不知道某个看起来平平无奇的同事，下班之后在做着什么炫酷的工作。这样的人通常被称为"斜杠青年"，他们有很多标签，而且每一个标签都代表着一种能力。将这些标签集合起来，他们就会变得更加耀眼。

与"两栖青年"相同，"斜杠青年"现在也越来越常见。他们希望可以在经济独立的前提下，享受自己理想的生活。那么，为什么很多人都热衷于成为"斜杠青年"呢？这样的身份又为他们带来了什么？其实，这些人之所以想要拥有多重身份，大多出于两种原因：一种是发展爱好，另一种是增加收入（当然还有其他原因，笔者在这里不过多提及）。

据《新时代新青年：2019 青年群体观察》披露，29%的人在本职工作以外还有第二职业。例如，5%的人在主业以外从事新媒体工作，4%的人是业余的设计人员，而1.3%的人则在下班后当起了快递员。其实，这样的"斜杠青年"就在我们身边，他们一边做着本职工作，一边做着自己喜欢的副业，甚至还有一些人辞去了自己的主业，专职做着自己的副业。

在看到这些成功的例子以后，很多人都跃跃欲试，希望成为像他们一样的"斜杠青年"，不断提升自己的价值。不过大家必须知道，想要成为"斜杠青年"只有一腔热血还不行，还需要把自己的理想和现实情况关联起来。很多"斜杠青年"也许没有特别高的期盼，而是想要追求那个不被定义、能够做自己喜欢的事情的状态。

所以在成为"斜杠青年"之前，最好明确自己的目的，是出于兴趣还是为了获得更多的收入，还是基于其他想法。这样可以为之后的实践建设好心理预期，防止出现因为落差太大导致半途而废的情况。

此外，我们也需要进行自我评估，想一想自己是否有足够的时间、充沛的精力、强大的执行力去平衡多重身份之间的关系，尤其当副业必须投入更多，甚至影响主业时，我们更应该考虑要做何选择。

《圆桌派》曾经专门提到"斜杠青年"，在谈论时，马家辉和窦文涛不约而同地说了一个关于"放弃"的概念。内容大致是这样的："斜杠青年"不仅需要追求不同的体验，还需要有拒绝单一生活方式的意志和决心。

其实对于"斜杠青年"而言，最难的不是做选择，而是放弃。尤其当各种各样的机会摆在你面前时，你必须知道自己想要什么、不要什么。"斜杠青年"的生活就是一个不断选择、不断放弃，再不断选择的过程。这个过程的结果取决于自己想成为什么样的人。

想成为"斜杠青年",要做到"先专而后广"。现在,很多人都想把自己变成全才,什么身份都想要,什么事情都想做,但最后往往是什么事情都略知皮毛,没有真正拿得出手的东西。因此,我们应该做减法,分清自己需要的和想要的,把更多的时间和精力放在有价值的方面。

10.3.3　主业做不好,副业不好做

"拿着主业每月5000元的薪酬,做着月收入3万元的副业。"这样的情景现在不只出现在想象中。无论是刚刚进入职场的"小白",还是已经有丰富经验的"老手",他们都需要知道,依靠固定的薪酬,真的很难实现财富自由。

但是这并不意味着,我们要因为做副业而忽略本职工作。现在有不少人更愿意在副业上花费大量的时间和精力,但其实这是对自我认知的错位和误判。一方面,他们不清楚自己的能力;另一方面,他们分不清轻重缓急,不知道应该先做什么才好。

所以,这些人最终的结果通常就是:勤勤恳恳做副业,但是全给别人交了学费,自己得到的东西少之又少,甚至还把主业耽误了。那么,为什么会出现这样的情况呢?因为他们常常高估自己的时间管理能力和办公效率,总是觉得自己什么事情都可以做好,到头来才发现自己连"第一步"应该朝哪个方向"迈出"都不清楚。

总的来说,导致这些人失败的因素有三个:不专注、不系统和忽视影响力。

(1)不专注。很多人追求多项工作同时处理的方式,结果是主业还没有做完,副业又接了一堆其他公司的订单。这样看起来效率很高,其实很影响专注度,最后可能连一项工作都没做好。所以我们要聚焦,先

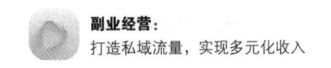

用心完成某一项工作。

（2）不系统。在做工作之前，有经验的人会梳理一个清单，并按照重要性和影响力为所有的工作排序。然后，他们会集中力量把最重要、最具影响力的工作先处理好。至于无关紧要的工作，则可以直接从清单上删掉。而没有经验的人则是什么工作都想做，最后反而一事无成。

（3）忽视影响力。任何人脚踏实地做一件事情，只要坚持一段时间，成功率就会提高，效率也会随之提高。接下来的重点是增强做每一件事的影响力，而不是只关注完成了多少件事情。如果不能输出和建立影响力，即使你本事再大、能力再强，也很难把副业做好。

《直击本质》这本书提到过名为"甜蜜区"的思维模型，这个思维模型的诞生源于一位美国棒球名将泰德·威廉斯。他曾经被称为"最佳击球手"，并在《击打的科学》这本书中详细解释了高击打命中率的原因：每次只打位于"甜蜜区"的球，而不是每个球都打。准确地打中"甜蜜区"的球，忽略其他区的球，就可以保持比较不错的成绩。

这一策略看起来似乎并不复杂，但做起来其实没有那么简单。因为如果球员总是不挥棒击球，就会让观众感到失望。在这个过程中，球员不仅要克服对击球的渴望，更要面对观众的失望，难度之大可想而知。

"甜蜜区"同样被巴菲特运用到投资中。他曾经坦言，"我每天能看见1000多家公司，但是没有必要每一家公司都看，甚至连看50家公司都不必。投资这件事情的秘诀就在于，看着球一个又一个飞过来，然后等着最佳的球出现在你的击球区。"

这解释了"甜蜜区"真正的本质：想要成功，就要做能力范围内的事情，并将其做到最好。而且这个能力范围是有明确边界的。从1955年至今，巴菲特管理的资金虽然有千亿美元之多，但持有的股票只有不到100只。他现在还可以纵横股市并成为其中的佼佼者，主要是因为他能够抵挡住为了追逐更多利润而跨出能力圈的诱惑。

无论是主业还是副业，都是职场生涯中的一部分。我们没有必要为了副业而做副业，更不能为了副业而放弃主业。其实在做主业和副业时，最关键的是认清自己、找到自己的优势和目标，然后全力以赴。此外，我们也应该在自己可控的范围内，兼顾主业和副业，这样才可以消除职场中的不确定因素，降低其未来的不稳定性。

10.3.4 为什么副业收入高也不能辞去主业

从 2020 年开始，李炎欣正式将自媒体作为自己的副业。她抱着尝试的心态写了几篇文章，并发布在微信公众号上。最终的结果是：第一个月，她没有获得任何收益；第二个月，她获得了 800 元的收益；第三个月，她获得了 3600 元的收益；第四个月和第五个月，她的收益直线飙升，分别达到了 6000 多元，甚至超过了主业的薪酬。

因为尝到了自媒体的甜头，李炎欣下定决心要辞去主业，专心做副业。但是辞职的过程并不顺利，她的领导一直在做她的思想工作，问她为什么要离开公司。在领导的不断进攻下，她说出了实情："我每个月依靠副业赚的钱比公司发的薪酬还多，现在已经没有心情上班了。"后来，领导跟她说："找一项副业做是好事，但是千万不可以辞去主业。"

其实，李炎欣的领导说得很对。因为副业带来的收益非常不稳定，以教育机构为例：在旺季，即寒暑假期间，他们能够招收到更多的生源，为副业经营者带来的收入自然也比较多；在淡季，即学生在校上学期间，生源没有那么多，这时为副业经营者带来的收入也会相应地减少。此时，如果没有主业做支撑的话，那么会使副业经营者的生活水平受到很大

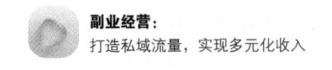

的影响。

此外，很多人的副业是卖货，也就是大家常说的微商。微商的一个显著特点就是收入不稳定、前途未知。他们也许能够一次性赚到很多钱，也可能半年甚至一年的时间都不开张，没有任何收入。

因此，在没有把握副业能够赚钱时，保留一份主业，用于维持生活中的开销是完全正确的。当然，如果你的副业非常成功，那么将主业辞去也是不错的选择。到了那时，你再将所有的时间和精力都用到副业上，这是比较稳妥的做法。

很多人做副业没有成功，主要是人脉不够强大，这些人脉的来源很可能是他们的主业。所以，主业是一个非常重要的资源。如果为了发展副业而辞去主业，明显就有些得不偿失、舍近求远了。

假设平面设计是某个人的主业，他的副业是自己开了一个淘宝店铺。这样一来，副业和主业可以相辅相成，何乐而不为呢？正是因为如此，即使副业能够赚到钱，我们也不应该轻易地辞去自己的主业。更何况，主业除了可以带来稳定的收入，公司还为我们缴纳社保、公积金等，这对我们来说也是一份不错的保障。

10.3.5 副业经济未来展望

目前，"提升消费能力"已经成为很多国家核心的问题之一了，因为绝大多数人的收入没能跟上生产产能的扩张速度。过去，当生产力上升，扣除通货膨胀后的实际工资就会上升，并进一步刺激总体需求（消费）。但是现在这样的模式早就不复存在了，生产力的上升也并未使工资同步上升，从而可能导致经济增长率降低。

而副业经济则会在拉动内需和保证经济可持续发展等方面起到越来越大的作用。未来，副业经济也受到技术、社会、政策、经济等各方面因素的影响，新的机遇和风险并存。下面以人工智能和区块链为例对此进行说明。

1. 人工智能

人工智能的进步和普及将在未来 5～10 年"消灭"一部分初级岗位。通过尽早学习和加入一项可持续发展的副业，将为上亿个家庭的生活提供重要的保障。那么，哪些形式的副业不会受到人工智能的冲击呢？

例如，副业所创造的价值依赖于人的感受和体验的副业，包括社群运营者、创意内容创作者、设计师等；还有就是注重个性化服务的副业，包括摄影师、营养顾问、健身教练、心理顾问等；当然，人工智能也会催生新的副业形式，包括数据采集师、模型训练专家等。

2. 区块链

目前，很多人认为参与到区块链中的途径是购买数字货币，而其实真正的区块链主要以社区的方式来运作，其开放的特性将在未来提供很多的副业场景。

例如，比特币的两大利益中心分别是开发者和矿工。其中，开发者负责开发代码，矿工负责确认交易和挖矿。两者互相博弈，共同推进比特币的发展。在这个劳动关系里，无论是开发者还是矿工，都是在做自己的"副业"，因为开发者可能在某个公司就职，矿工也不一定是全职挖矿。

此外，区块链还带来了以下几种职业：

（1）参与社区建设和维护，获得基金会或社区贡献奖励；

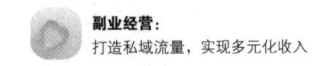

（2）参与治理投票，获得治理或声誉奖励；

（3）参与行为挖矿（要注意区分真正的行为挖矿与资金盘的区别）。

区块链作为一种底层技术，未来也将成为副业经济的重要基础设施。目前，比较热门的副业都得益于越来越高效的线上平台。一方面，副业面临着向下的薪酬压力，收入具有极大的不确定性；另一方面，从事副业的人也难以享受主业或者传统雇佣关系所带来的履历积累、职业发展计划、津贴、交通补助等福利。

利用区块链，副业经营者可以形成与自己副业相关的数字档案，而这个数字档案可以不受平台运营方的控制而存在。数字档案中包括副业经营者的工作履历、口碑、收入历史等信息，这些信息甚至可以帮助他们获得更好的小额贷款或者社会保险，从而将自己的技能和声誉变成可量化的数字金融资产。

从某种意义上来讲，副业经济是零工经济的一种。未来，"零工"这个概念将不再是"低收入""低保障"的代名词，大量的零工从业者将超越全职员工的平均收入。阿里研究院的数据表明，预计到2036年，我国可能将有 4 亿人属于零工经济的自由职业者，这些人占劳动力市场的50%左右。而副业将成为全面从事新时期零工经济的必经之路。